해외선교위원회 40주년 기념 선교사 수필집

선교사님! 안녕하세요?

선교사님! 안녕하세요?

생명과 변화의 이야기

성경은 수많은 간증의 이야기들로 가득 차있습니다. 온 동네에서 손가락질 받던 한 여인은 예수님을 증거하여 수가성을 변화시켰습니다. 거라사의 한 광인은 데가볼리(10개의 도시)에 자신이 만난 예수님을 증거하여 생명의 바람을 불어 넣었습니다. 신앙의 길을 잃어버린 종교전문가 니고데모는 예수님을 만나고, 거듭남의 길을 발견했습니다. 이런 신앙의 간증은 신앙의 도전과 생명의 변화를 만들어 냅니다.

마찬가지로 선교사의 삶에 대한 이야기들은 새로운 도전과 변화를 이끌어 냅니다. 새로운 목회자를 만들고 새로운 선교사로 변화시킵니다. 어쩌면 평범하고 때론 부족하기까지 한 도구를 사용해서 훌륭하고 경이적인 이야기를 만들어 내시는 하나님을 목격하게 되고, 하나님이 일하시는 그 현장의 목격자요 도구가 되기 원하는 새로운 시도들이 일어나기 때문입니다. 20세기 아우카 인디언들을 향해 나아간 짐 엘리엇과 동료 선교사의 이야기를 통해 전 세계 기독교 세계는 하나님의 위대하심을 찬양했습니다. 파푸아의 식인종족이요 배신을 최고의 가치로 여기던 샤위 족을 변화시킨 돈 리차드슨의 화해의 아이 이야기는 민족의 문화 속에 숨어 계시며, 민족을 변화시키는 하나님을 목격하게 하였습니다. 그리고 수많은 선교적 도전을 만들어 냈습니다. 스물 네 살의 젊은 선교사로 이 땅에 와서 병으로 세상을 떠난 루비 켄드릭의 "내게 줄 수 있는 천개의 생명이 있다면, 한국이 모두를 가질 것입니다"라는 고백은 우리에게 눈물과 감동을 전해줍니다.

해외선교위원회는 교단 해외선교 40주년을 기념해서 파송선교사들의 소명과 선교지에서의 이야기들, 그리고 선교사역을 해 오며 만난 하나님에 관한 글들을 모아 책으로 엮어 발간합니다. 선교는 인간의 사업이라기보다, 하나님의 사역입니다. 이 일을 통해 하나님께서 선교지 가운데 선교사와 믿음의 무리를 통해 일하시고 목격하게 하신, 잃어버려서는 안되는 소중한 생명의 이야기를 보고하고자 합니다. 또한 기대하는 바 이 일을 통해 우리 선교사님들과 동역하는 교회들이 새로운 도전을 받고, 새로운 생명의 변화를 위해 한걸음 더 나아가길 원합니다.

세상 모든 민족이 주를 볼 때까지.

한태수 목사 | 기독교대한성결교회 해외선교위원장, 은평교회 담임

선교현장의 진솔한 이야기를 담아

2017년은 참으로 뜻 깊은 해입니다. 교회사적으로는 종교개혁 500주년이 되는 해이며, 우리 교단으로는 창립 110주년이 되는 해이고, 또 우리 교단이 해외 선교를 시작한지 40주년이 되는 뜻 깊은 해입니다.

　1981년 태국으로 첫 번째 선교사를 파송한 이후 지금은 전세계 61개국에 319가정 606명과 전세계 디아스포라 선교사로 사역하는 23개국 271개 교회 566명이 흩어져 사역하고 있습니다.

　이번에 해외선교위원회 40주년을 맞이하면서 일선에 나가서 사역하고 있는 선교사님들의 진솔한 사역 현장 이야기를 책으로 묶어 여러분과 함께 나눌 수 있게되어 얼마나 감사한지 모르겠습니다. 지나간 40년의 세월속에 우리는 현장에서 순교한 선교사님들, 자녀를 선교지에서 잃어 버린 선교사님들, 정말로 눈물어린 그 분들의 희생과 헌신이 열매로 나타나 8개 국가에 총회가 세워진 것은 그야말로 하나님의 놀라운 역사가 아닐 수 없습니다.

　더 많은 선교사님들의 이야기를 담아내는 일이 이 책을 계기로 시작되기 원합니다. 이번에 출간되는 "선교사님, 안녕하세요?" 을 통해서 아름다운 이야기들이 여러분 모두에게 전달될 수 있기를 바라며, 하나님이 주시는 감동의 물결이 우리 모두에게 간직되기를 바랍니다.

여성삼 목사 | 기독교 대한 성결교회 총회장, 천호동교회 담임

차
례

선교샘! 안녕하세요?

늘 깨어 기도하리니

신동조 | 러시아

주 같이 계시니
항상 즐겁고 평안하도다
험한 산 가도
어둡고 추운 곳 머물어도 감사할 뿐이로다.

주 함께 하시니
두려워 할 것 무엇이랴
위험에 빠지게 할 것 무엇이랴

주가 원하시니
담대하게 나아가리라
가라 하시니
믿음으로 순종하리다

주가 힘 주시며 또한 지켜주시리라
지혜 가운데 인도하시고 때마다 내게 없는 것 공급하시니

가진 것 없어도
주가 가지고 계시니
오직 믿음 가지고 담대하게 앞서 나가리라

오로지
늘 깨어 기도하리니
기도하기를 쉬지 않겠노라

혹한의 고통 속에서만 피는 얼음꽃,
잔인한 십자가를 지고 가야 부활의 꽃을
피울 수 있는 것 처럼,
차가운 냉혹함을 품은 채 핀 얼음꽃은 찬란했다.

얼음꽃을
피우는 사람들

러시아 | 조성우

조성우 선교사는 1993년 교단 파송 선교사로 러시아 시
베리아 사역을 시작하여 교회개척, 부랑자 구제 사역, 감
옥사역, 병원사역, 성경 보급소, 무료 진료소를 운영하였
고 현재 노보시비르스크에 한국문화선교센타를 세우고
선교사역을 감당하고 있다. 가족으로는 이한나 선교사와
은희, 예희, 성희, 찬희가 있다.

쓰러져가는 나무

내가 서있는 곳은 러시아 시베리아. 하늘과 땅 사이 얼음 나라.
춥다. 너무춥다. 겨울이 7개월인 땅.
추위에 지친 현지인들은 봄을 간절함으로 기다린다.
영하 30도~ 40도를 오르락 내리락 하는 날들.
1+1도 아닌데…… 혹한에다가 칼바람까지.
냉동고에서 선풍기 바람을 얼굴에 맞는 것처럼 살이 아리다.

그동안은 견고하게 서 있었는데……
나무가 점점 쓰러지는 듯 보인다.

세차게 부는 바람에 홀로 견디기 힘들었는지…… 조금씩 기울어 가는 나무,
그 모습 바라보다 문득 생각이 났다.

버팀목,

쓰러져가는 나무에게 필요한 것은 버팀목이라 생각했다. 공사하다 남은
목재를 이리저리 둘러보다 한 개를 골라 나무 곁에 버팀목을 세워주었다.
어느때 보다 든든하게 서 있는 나무.

사람도 같지 않을까?
남을 도와 줄 때 나도 넘어지지 않는다는 것. 나 혼자 안전하자고
버팀목 하나를 빼 버리면 존재 자체가 위태롭게 될 것이다.

삶을 찾아가 나누고 아픔과 고통을 공감하고 따뜻함으로 위로하며
영혼들의 버팀목으로 사셨던 예수님.

버팀목 하나로 견고해진 나무를 바라보며 참 많은 생각이 들었던 하루.

예수님이 내 삶에 버팀목이 되어 주신 것처럼, 예수님은 이 땅의
영혼들에게도 예수님만이 버팀목이라고 선포하길 원하셨다.
그리고 내가 나눔과 섬김으로 버팀목이 되어 이 땅의 영혼들이 쓰러져
가지 않도록 든든히 받쳐 주는 선교사가 된다면 얼마나 좋을까.
소원은 꿈이 되었다.
그 꿈은 주님과 함께 이루어가는 미래에도 지속될 것이다.

얼음 꽃

가끔씩 뜻도 없이 눈물 겨울 때가 있다.

며칠 동안 내린 눈을 치우다 보면, 허리가 아파 하늘 보며 핀 허리를 살며시
쥔 손으로 두드릴 때가 있다. 그리고 불쑥 시야가 흐려진다. 아주 추우면 눈
물이 자연스레 흘러내리기도 하지만 그 눈물과는 다른 눈물이다.
딸 아이가 아픔을 가지고 살아간다는 소식을 들을 때, 문득 그리움으로 가
슴 져며 올 때, 그 때도 눈물이 솟았는데......
털모자 깊이 눌러 쓰고 서둘러 집으로 돌아가다가 문득 바라본 거리의 사
람들을 보며 그 때도 그랬다. 그냥 북받치는 가슴 속 떨림 때문일까? 눈물이
핑 돌 때가 많아졌다.

눈 치우다가 그런 생각이 들었다. '시베리아에 서 있는것 만으로도 감사하다'
라는 생각에 눈물이 솟았다.
그랬다. 모든 것이 감사해서 눈시울이 뜨거워졌다.

가득 쌓인 눈
하얀색으로 온통 가득한 시베리아

차갑디 차가운 거리

희망 잃은 사람들

창가에 서서 오가는 사람들 멍하니 바라보다가 불쑥 눈물이 핑 돌았다.

하나님의 사랑을 모른 채 겨우 살아가는 사람들이 안타깝다.

영하 40도의 새벽을 지나 아침 영하 27도

창문 한 켠에 얼음꽃이 피었다.

작지만 또렷한 아름다움을 분명하게 드러내는 모습에 도도함까지 느껴졌다.

뜻 모를 눈시울 붉히는 선교사 마음을 위로하시고 싶어서일까?

하나님이 만드신 얼음꽃이었다.

혹한의 고통 속에서만 피는 얼음꽃,

잔인한 십자가를 지고 가야 부활의 꽃을 피울 수 있는 것 처럼, 차가운 냉혹함을 품은 채 핀 얼음꽃은 찬란했다.

이 땅에 얼음 꽃을 피우는 선교사로 생을 마치고 싶다.

핍박과 차별이 가득한 고난의 산을 넘어 아름다운 예수의 이름을 드러내고 싶다.

기다림

시베리아는 겨울이 시작되는 9월이 되면 눈이 오기 시작한다. 그리고 거의 매일 눈이 쏟아진다. 하늘에 구멍이라도 났는지, 끊임없이 내리는 눈을 매일 치워야만 한다. 그래야 눈속에 파묻히지 않습니다. 길도…… 집도……

하루하루 쏟아지는 눈을 치우느라 대부분의 시간을 보낸다.
아침 일찍 선교센타로 가면 기도한 후에 눈삽을 챙긴다. 그리고 제설작업을 시작한다.

두 시간 정도 지나면, 등에서 땀이 흐른다. 그런데 눈을 깨끗하게 치우면 얄밉게도 기다렸다는 듯 눈이 다시 내린다. 열심히 눈을 치웠는데 뒤를 돌아보면 치운 눈의 양보다 더 많이 쌓여있다. 해도해도 너무한다며 입을 삐죽 내밀어 불평하려던 순간들이 문득 생각난다.
마치 눈을 치우기 위해 보내신 일꾼처럼 끝없이 눈 만을 치운다. '이러려고 온 것이 아닐텐데…', '성경을 손에 쥐고 예수를 외쳐야하는데…'말이다. 선교사가 눈삽들고 눈만 치우고 있으니 말이다.

어느 날 기도하던 중이었다. 주님 어찌 아셨는지, 내 마음속 불평사항들을 모조리 끄집어 내시며, 단 한마디로 응답하셨다. 마치 어린아이 달래듯이 ······

'네 은혜가 족하다'

눈치우는 것이 은혜라는 건가? 응답하신 하나님께서는 곧 그 뜻까지 알게 해 주셨다. 하나님이 움직이실 때까지 잠자코 눈을 치우며 기다리는 것이 은혜라는 말씀이었다.

기·다·림

불과 일년 전, 이 곳에 도착하고 잠잘 곳이 없어서 허름한 여관을 찾았다. 그때도 '하나님 어디로 가야 정착할 수 있을까요?' 이렇게 질문했었다. 빵과 커피로 끼니를 때우면서, 도대체 어디로 가야할지 몰라 무릎을 꿇고 단지 기도하며 시간을 보내야 했다. 기도 하던 중에 하나님은 한가지 만을 원하셨다.

기·다·림

그 후 일 년의 시간이 흐르는 동안, 하나님은 그분만의 방법으로 정착할 수 있는 집을 주셨고 비자를 발급 받게 해 주시고 해외선교위원회, 선교국, 성결선교동우회, 강변교회, 전주태평교회, 한성교회, 옥금교회, 여러 후원교회들과 성도들을 통해 선교센타를 완공 할수 있도록 이루어가셨다.

일사천리로 이루어가시고 열어가신 하나님......

우리는 하나님께서 이루신 일들로 인해 매일 하나님의 서프라이즈에 놀라
워 했다. 기도하며 기다리기만 하면 되었다..

위대하신 하나님

이제 매일 이른 아침에 일어나면 하나님께 고백한다.

주님을 원합니다.

서프라이즈의 주님, 당신을 원합니다.

어제 보다 더 많이 오늘 주님이 필요합니다.

주님 저에게 오시옵소서.

선교지에서 가장 감사한 것은 주님께서 같이 계셔 주시는 것이다.

그 뿐이다. 모든 것이 주님의 은혜다.

서툰 이발사

투박한 머리모양이 안쓰럽다. 일년은 감지 않았을까? 의심되는, 떡져 기름이 흐르는 머리 속에는 머릿니와 하얀 서캐 들이 득실거렸다. 그런 부랑자들의 머리를 전기이발기로 깎아 주기로 맘 먹었다. 하지만 제대로 된 이발 기술이 없던 터라 대충 깎을 수 밖에 없었다.

그래도 왠지 머리를 자르는 일에 신났다. 조심스럽던 처음과는 달리, 썩둑썩둑 머리를 자르는 손 씀씀이가 커졌다. 조금 자르고 난 후 곁에서 떨어져 쳐다보고, 또 얼마쯤 자르고 떨어져 보고, 그러기를 몇 번하면서 머리 깎기를 마쳤다 싶었는데 엉망이었다.

서툰 이발사가 머리모양을 망쳐놓은 것이다. 부랑자들은 서로를 바라보며 '저 목사님이 왜 이렇게 잘랐지' 하는 얼굴 표정을 하였다. '잘못 잘랐다' 싶어 다친 마음을 위로하지만, 그리고 만날 때 마다 손질을 했지만 어색한 건 그때 마다 마찬가지였다.

부랑자들 머리를 볼 때마다 기분이 묘했다. 지금 나의 삶도 그러한 건 아닌가 싶었기 때문이었다. 무언가 2프로 부족한 모습처럼 생각되었다. 약하고 작고 실수투성이 일꾼의 모습이었다. 마치 나의 삶은 내가 깎아드린 균형 잡히지 않은 부랑자들의 머리모습과도 같았다.

부랑자들 대부분은 머리털 모두를 밀어달라고 주문을 하지만 어떤 형제는 2센티만 남기고 잘라 달라고 주문하기도 한다. 자로 재듯 정확하진 못하지만, 이제는 눈대중으로 2센티를 남기고도 자를 수 있어 자신감도 생기는 것 같다. 균형 잡힌 머리를 자를 날도 멀지 않아 올 것이다.

하나님은 나를 깎아주신다. 나를 훈련시키신다. 예쁜 머리 스타일이 되도록 나의 삶을 마구마구 잘라주시는 이발사 하나님......

통나무 굴리듯 마구 굴려 잔가지 다 떨어져 나가게 해서 매끄럽고 단단한 건축 재료로 사용해 주실 날을 기대한다.

' 하나님을 위해
위대한 일을 시도하라.
그리고 하나님께로부터
위대한 것을 기대하라.'

-윌리엄 캐리

나에게 선교사의 소명을 물어보는 분들에게 언제나
대답하는 것은 소명은 은혜라는 것이다. 훈련이나 준비도
중요하지만 그런 것이 자격을 만들어 주는 것은 아닌 것 같다.
자격 없는 우리에게 선교를 맡기시는 주님의 은혜다.

소명

알바니아 | **최조영**

최조영 선교사는 2004년 기독교대한성결교회해외선교
회와 한국 개척선교회 공동 소속으로 알바니아에 파송되
어 의료 사역과 교회 개척, 학원 사역 등을 감당해 왔다.
가족으로 홍정희 선교사와 기성, 사랑이 있다.

교회나 선교지에서 성도님들을 만나면 가장 많이 받는 질문 중에 하나가 어떻게 선교사로 헌신하게 됐느냐는 것이다. 내가 신학을 한 적도 없고 평신도로서 교단 선교사를 하고 있기에 더욱 그런 질문을 많이 받는 것 같다. 어쩌면 그 수많은 질문들이 나의 소명을 보다 확실하게 하는 도구가 되지 않았나 여겨진다.

　내 고향은 강원도 춘천이다. 춘천의 중앙성결교회가 내 모교회다. 어린 시절 모태 신앙은 아니었지만 5살 무렵부터 교회를 다녔다. 주일학교 시절 분반 공부와 여름 성경학교, 크리스마스 행사 같은 일들은 내 아련한 기억 속에서 아직도 향수를 자극한다.

　중·고등학교에 진학을 하게 되면서 교회의 중고등부를 그만 다녀야 하는 상황이 되었다. 내가 1981년도에 중학교를 가면서 부모님께서 이제는 공부를 해야 하니 교회는 주일만 나가고 학생회는 가지 말라 하셨다. 대부분의 중학교들이 남학교 또는 여학교였던 때라 사춘기 남여 학생들이 같이 만나는 학생회는 연애당이라는 별명으로 불릴 만큼 부모들의 의심의 대상이었고 나도 그런 부모님의 말씀을 따라 학생회를 다니지 않았다. 중학교를 졸업할 때 즈음, 같은 학교의 친구들 중에 우리 교회의 학생회를 다니는 친구들이 있었다. 고입 연합고사를 마치고 나서 공부에 부담이 없을 때에 친구들과 함께 교회의 학생회를 가게 되었다. 그렇게 가게 된 학생회를 계속 다니게 되었고 부모님의 걱정과는 달리 학생회의 분위기는 건전하고 진지하게 신앙을 생각하는 모임이었다. 선생님들도 학생들을 친근히 대하며 지도하고 계셔서 학교와는 다른 분위기가 좋았다.

　그렇게 고등학교 1학년을 마칠 무렵이었다. 학생회의 친구들이 하나 둘 선교사가 되겠다고 나서기 시작했다. 친구들은 앞으로 선교사가 되기 위해 불어를 전공해서 불어권 선교사로 가겠다 하기도 하고, 언어학을 전공해서 성경번역 선교사로 나가겠다고도 하고, 신학을 해서 교회 개척을 하겠다고도 했다.

　당시만 해도 그냥 열심히 공부해서 점수에 맞춰서 대학에 가는 것이 일반적이던 시절인데 점수가 아니라 비전을 따라 자기의 진로를 정하는 친구들이 멋지게 보였다. 그럴 정도로 신앙이 성숙해 있는 친구들에 비해 스스로 부끄럽게 느껴지기도 했다. 하지만 그래도 친구 따라 선교사가 되겠다고 결심하는 것은 자존심이 허락하지 않았다. 뭔가 스스로의 중심이 없이 따라가는 것 같아 보였기 때문이었다. 그래서 결심한 것이 성경을 한번 통독하면서 나를 향한 하나님의 뜻을 찾아보자는 것이었다. 그렇게 고등학교 2학년으로 올라가는 겨울 방학부터 구약을 읽기 시작했다. 당시에는 야간 자율학습을 밤 10시까지 했다. 우리 교회는 집과 학교 중간에 있었다. 모이는데 극성이었던 나와 친구들은 야간 자율학습을 마치고 10시 반에 교회에 모여 희미한 비상등이 켜진 교회 계단 아래에서 경건의 시간 나눔을 갖고 11시에 집에 가는 것을 계속했다. 그렇게 자주 모이며 나눔의 시간을 가지는데 친구들이 나눠준 말씀들은 나에게 놀라움 자체였다.

나는 선교가 신약에서 예수님이 제자들에게 명령하시면서 비로소 시작된 줄 알고 있었다. 그런데 놀랍게도 선교는 구약에서도 많이 찾을수 있었다. 아니 성경은 선교로 가득 차 있었다. 인간의 창조와 타락 이후로 아브라함의 선택, 출애굽, 이스라엘의 역사와 다윗의 시편, 선지자들의 예언들에 선교에 대한 메시지가 가득했습니다. 어쩌면 선교의 소명을 받았다고 믿는 친구들이었기에 더 그런 내용이 눈에 들어왔는지 모르겠다. 성경을 읽으면 읽을 수록 선교는 성도들의 선택이 아닌 필수라는 결론이 자연스럽게 내려졌다.

그런데 나에게는 한 가지 문제가 있었다. 바로 부모님이었다. 나는 막내 아들임에도 불구하고 나중에 다 크면 부모님과 살아야 겠다고 생각하고 있었다. 내가 아니면 안된다는 책임감이 있었다. 그런 내가 선교를 나간다면 부모님을 모실 사람이 없을 것이라고 생각했다. 어린 생각이지만 부모님을 모시고 선교지에 갈 수는 없다고 생각했다.

그 시절 나는 '선교사가 되려면'이라는 책을 읽고 있었다. 오스왈드 스미스라는 분이 쓴 책으로 기억하는데 다른 것은 기억나지 않고 '가든지 보내든지 하라'라는 말만 뚜렷이 기억된다. 그리스도인이라면 자기가 선교사로 가든지 아니면 반드시 보내는 선교사가 되어야한다는 내용이었던 것 같다.

"그래. 보내면 되겠네!"

부모님을 모셔야 한다는 책임감과 선교를 모두 만족시키는 답을 찾은 듯했다. 다행히도 내게는 선교사가 되려는 친구들이 아주 많았다. "부모님을 모시고 살면서 친구들을 후원하면 되겠구나". 가장 적절한 답을 찾았다고 확신하며 구약을 모두 다 읽고 신약으로 접어들었다. 시간도 흘러 어느새 고등학교 2학년 가을이 되었던 것 같다. 신약의 첫 책인 마태복음을 읽고 있는데 느닷없는 예수님의 말씀이 나의 성경통독을 멈추게 했다.

"내가 세상에 화평을 주로 온 줄로 생각지 말라. 화평이 아니요 검을 주러 왔노라. 내가 온 것은 사람이 그 아비와, 딸이 어미와, 며느리가 시어미와 불화하게 하려 함이니 사람의 원수가 자기 집안 식구리라." 마태복음 10:34, 35

"?"

순간 '이건 뭐지?' 라는 생각이 들었다. 예수님이 가정 파괴범 같은 멘트를 날리고 계신 것이었다. 그 말씀의 설명은 바로 뒤에 이어지고 있었다.

"아비나 어미를 나보다 더 사랑하는 자는 내게 합당치 아니하고 아들이나 딸을 나보다 더 사랑하는 자도 내게 합당치 아니하고 또 자기 십자가를 지고 나를 좇지 않는 자도 내게 합당치 아니하니라." 마태복음 10:36~38

"……"

머리를 얻어맞는 기분이 이런 것이구나 싶었다. 말씀을 반복해서 읽고 또 읽으며 내 심장을 겨누고 있는 그 끝을 피해 가보려고 합리화 할 수 있는 모든 생각을 짜내려 했다. 가슴에 무거운 추를 달아놓은 듯 했다. 그 후로 몇 일 동안 나는 이 말씀과 씨름하며 성경통독을 이어갈 수 없었다. 아무리 이리 저리 몸을 움직여도 계속 나를 겨누는 칼 앞에 서 있는 듯한 느낌이었다. 나는 아비와 어미를 예수님 보다 더 사랑하는 나이 어린 사람이었다. 아무리 부인하고 싶어도 할 수 없었다. 부인한다면 거짓말이라는 것을 내 영혼이 잘 알고 있었다. 몇 일을 끌던 나는 결국 항복했다.

'예수님. 저는 제 아버지와 엄마를 더 사랑하는 사람이네요. 그럼 저는 예수님께 합당치 않은 사람이네요. 저는 이것을 받아들일 수가 없습니다. 제 부모님을 포기합니다. 주님께 맡깁니다. 선교사가 되겠습니다.'

이렇게 기도하였다. 그래서 나는 결국 선교사가 되기로 결심을 하였고 친구들과 함께 선교 모임을 하면서 앞으로의 진로를 생각하다가 선교지에 의사들이 필요한 것을 알았다. 목사님들이 못 가는 곳도 의사들은 들어갈 수 있다는 말을 듣고 의대에 진학해서 의료선교사가 되기로 결심했다.

　선교사가 되기로 결심을 하고 나니 교회와 학생회 활동에 더 열심히 참여하게 되었다. 고등학생인 아들이 대학입학을 위해 열심히 공부해야 할 것 같은데 교회의 모임이란 모임에 하나도 안 빠지고 열심히 참석하는 것을 지켜보던 부모님들은 저에게 조금씩 경고를 보내기 시작하셨다. 이제 공부를 해야 하니 주일만 교회에 가고 학생회 활동은 하지 말라고 말씀하셨다.

　그래도 계속 모임에 나가자, 어느날 아침 드디어 부모님이 강하게 경고를 하셨다. 나는 학생회를 계속 하는 이유를 강변했고 그러던 중에 선교사가 되겠다는 말을 하고 말았다. 아침이었기 때문에 일단 학교를 갔다. 저녁에 부모님께서 나를 기다리고 계셨다. 부모님과 다시 힘든 대화를 해야 했다. 나도 부모님도 고집을 굽히지 않았다. 나중에 내가 울면서 예수님의 은혜에 대해 이야기하자 부모님은 말문을 닫으셨다. 조금 지친듯 부모님은 "너 그러면 신학을 할 거냐?"라고 물으셨다. 나는 "아니요. 저는 의대에 진학해서 의료선교사가 될거에요"라고 대답했다. 그 때 부모님의 눈빛이 조금 변하셨다. 뭔가 반짝하는 것을 본 것 같은데 뭔지 잘 몰랐다. 나중에 생각해 보니 아들이 선교사가 되겠다는 것은 맘에 들지 않지만 의대에 간다는 것은 맘에 들으셨던 것 같다. 그렇다고 우리 부모님이 아주 세속적인 분들은 아니셨다. 그냥 자식 걱정하는 평범한 부모님들이셨다. 내 대답을 들은 부모님은 "그럼 일단 열심히 공부해서 의대에 들어가라. 선교사가 될 지는 두고 보자." 하셨다. 그렇게 부모님들과의 타협(?)이 이루어지고 나는 의대에 진학하게 되었다. 대학에 들어가서 선교단체 활동을 하면서 선교모임을 계속하고 제자훈련도 받았다. 교회에서도 대학부 활동을 열심히 했다.

드디어 대학을 졸업하고, 수련을 받기 위해 서울의 대학병원에 들어가게 되었다. 그 때가 1993년이니까 약 24년 전이다. 수련의들은 군기가 아주 엄했다. 연차는 하나님과 동기동창이라는 농담이 농담처럼 느껴지지 않는 때였다. 또 인턴과 레지던트 아랫연차는 일도 많고 당직도 많았다. 일단 개인 공간이 없는 의국에서 하루 종일 함께 생활하며 밤 2시에 자서 아침 6시면 일어나야 하는 생활이 계속 되었다. 주말에도 시간이 없어 교회를 한달에 한 번 정도 밖에 갈 수 없었다. 개인 기도나 경건의 시간은 생각도 못 하고 짬만 나면 잠을 자게 되는 고된 시간이었다. 게다가 회식도 자주 있어서 음주도 잦았다. 내 딴에는 음주가 근원적인 죄는 아니며 약간의 음주는 그리스도인도 할 수 있다는 생각을 가지고 있었다. 그런데 수련의 생활의 음주는 약간이 아닌 폭음의 연속이었고 강제 음주의 연속이었다. 그렇게 기도도, 말씀도, 예배도, 교제도 멈추고 음주와 고된 일과 속에서 스트레스를 받으며 살아가는 시간이 계속되자 대학 시절까지 그렇게 열심히 받았던 훈련이 아무 소용이 없어졌다.

그렇게 사회의 초년병으로 적응하며 살아가는 동안, 어느새 나는 스스로 찾아서 음주를 하는 상황에까지 가 있었다. 어쩌다 교회에 가면 성가대 찬양 소리만 들어도 눈물이 그렇게 나는데 다시 병원으로 돌아오면 평소로 돌아와 있는 시간이 계속되었다. 어느 순간 나를 돌아보니, 다른 사람들이 보기에 내가 교회를 다니는 사람이라고 말해 주지 않으면 모를 것 같다고 여겨질 정도가 되어있었다. 스스로 위선자에 쓰레기 같다고 여기게 되었다. 그러자 자책 속에서 더 깊은 죄와 수렁으로 빠지게 되고 최조영이라는 인간의 바닥을 본 것 같은 느낌이 들 정도가 되었다.

"아. 내가 이런 사람이었구나. 그런줄도 모르고 스스로 좋은 사람이라고, 괜찮다고 여기고 살았구나. 어 그런데 나 같은 사람이 선교사가 되면 어떻게 하지? 선교를 다 망쳐 놓을 것 같은데?"

나 같은 사람은 신성한 선교를 거룩하게 유지하기 위해서라도 하면 안 될 것 같았다. 내가 선교를 하면 선교를 모욕하는 일인 것만 같았다. 나는 선교를 하면 안 되는 사람이었다. 그렇게 선교를 포기하게 되었다. 레지던트 2년차 때 어느 날 아버지와 식사를 하며 술을 한 잔 함께 하면서 말씀드렸다.

"아버지. 저는 선교사를 못 할 것 같아요."

"잘 생각했다. 내 아들아. 네가 드디어 철이 들었구나. 오래 기다린 보람이 있다. 그렇게 힘든 길은 포기하고 이제 평범하게 살자. 내가 아주 기쁘구나."

어린 아들이 순진할 때 가졌던 선교의 꿈이 이제 나이들어 철이 들면서 드디어 제 정신을 차렸다고 부모님은 생각하셨다.

　그렇게 선교를 포기한 후 연차가 올라 3년차가 되니 퇴근을 규칙적으로 할 수 있게 되었다. 당직일 때도 퍼스트 콜(일차 호출)이 아니라 세컨드 콜(이차 호출)이어서 아래 연차가 진료하다 연락할 때만 가 보면 되었다. 주일날 교회도 다시 다닐 수 있었고 병원과 당시 숙소인 누나네 집 사이에 있는 교회를 다니면서 청년부에도 나가게 됐다. 그러자 기도할 시간이 생기고 그리스도인들과의 교제를 하면서 점점 영적으로 소생하기 시작했다. 하지만 아직 수련의 생활은 힘들었고 스트레스의 연속이었습니다. 아주 힘든 시간을 보낸 어느 날 스스로 생각했다.

　"왜 이 고생을 하고 있지? 나는 선교사가 되려고 의대에 들어왔잖아? 선교사가 안 될 건데 왜 이 고생을 계속해야 하지?"

　너무 난데 없는 생각일 수도 있지만 당시 나에게는 그 생활을 계속해야 하는 이유를 찾을 필요가 있다고 생각이 들었다. 다시 기도하기 시작한 후라 하나님 앞에서 기도하면서 앞으로의 진로를 결정해야 겠다고 생각했다. 기도를 시작하면서 서서히 내가 선택할 수 있는 옵션들을 정리해 나갔다.

　1번: 수련을 마친 후 군의관 복무를 하고 나서 적당한 시기에 개업을 해 개업의로 산다. 물론 교회는 다니고 필요하면 선교후원도 하면서 성실히 산다.

2번: 수련과 군복무를 마친 후 의대에 남아 의학연구를 한다. 당연히 좋은 그리스도인으로 산다. 1번 보다는 좀 더 고달픈 생활이지만 명예와 의미가 있는 삶이 될 수 있다.

3번: 정히 동기를 찾을 수 없다면 다 때려 치우고 신학을 한다.

이렇게 세 가지 옵션들을 정리했다. 1번이 가장 가능성이 높은 선택이고 2번, 3번 순으로 가능성이 낮아 보였다. 이렇게 정하고 기도하기 시작했을 때 하나님이 제 영혼에 생각나게 하시는 것이 있었다.

"조영아. 세 가지가 아니라 네 가지야. 원래 의대에 들어갔던 동기도 넣어서 기도해야지!"

"아이. 하나님. 그건 이미 포기했잖아요. 포기해서 지금 어떻게 할까 기도하는 건데……"

" 그래도 4번에 넣고 기도해. 그래야 공평하지!"

"아아. 좋아요. 그럼 넣어는 둘게요. 하지만 혹시라도 제가 4번을 선택할 거라 생각하시면 안되요!"

이렇게 가장 가능성이 낮은 4번 옵션을 넣게 되었다. 바로 의료선교사가 된다는 것이었다.

얼마나 기도했는지 모르겠다.

레지던트 3년차 여름. 중환자실 주치의로 당직을 서며 중환자실 앞의 당직실에 있는 철제 2층 침대에 앉아 기도하고 있었다. 기도하던 나에게 이번에는 아주 선명한, 그래서 아직도 잊을 수 없는 예수님의 음성이 들려 왔다.

"조영아. 네가 지금 나에게 잘못했다고 하면 내가 너를 선교사로 만들어 주겠다."

"…… !!!"

타락한 내가 감히 해서는 안 되는 일이라고 생각해서 포기했던 선교를 다시 할 수 있다? 잘못했다고만 하면? 그렇게 쉽게? 나 같은 사람이 선교사가 될 수 있다고?

주님의 대답은 내가 될 수 있는 것이 아니라 주님이 만들어주신다는 것이었다. 내가 할 일은 잘못했다고 하는 것 뿐이었다.

"잘못했어요!"

평생 가장 기쁘게 했던 고백이었다.

"잘못했어요. 주님, 잘못했어요. 잘못했어요. 저를 용서해 주세요."

슬프고 아픈 감정이 들 줄 알았는데 오히려 감격스러운 눈물이 흐르고 있었다. 영혼 깊은 곳에서 터져 나오는 기쁨이 제 온 몸을 행복감 속으로 몰아넣고 있었다.

'아! 나를 이렇게 하시려고 그 방황과 혼란의 시험을 허락하셨구나.'

주님께 용서를 빌자 그 동안의 방황도 의미를 찾게 되었습니다. 나의 삶은 다시 의미있는 것으로 소생되었다. 그 경험 속에서 나는 깊이 깨닫게 되었다. 부르심은 은혜인 것이었다.

'소명은 은혜로 되는 것이구나. 내가 무슨 자격이 있어서가 아니구나. 내가 훈련을 받아서 준비되는 것이 아니구나. 그냥 주님의 은혜로 선교사가 되는 것이구나. 나 같은 사람도 주님이 선교사로 만들어 주시는구나.'

다시 소명을 받고 선교의 꿈을 꾸게 되었다. 그 이후로 선교훈련을 받고 군의관 복무를 마치고 종합병원에서 내과 과장으로 근무한 후 선교지로 파송받아 지금까지 일하고 있다. 그러나 지금도 소명은 은혜임을 잊지 않고 있다. 나에게 선교사의 소명을 물어보는 분들에게 언제나 대답하는 것은 소명은 은혜라는 것이다. 훈련이나 준비도 중요하지만 그런 것이 자격을 만들어 주는 것은 아닌 것 같다. 자격 없는 우리에게 선교를 맡기시는 주님의 은혜다.

이제 선교지에서 12년을 보내고 13년 째에 접어들었다. 지금도 나 같은 사람에게 선교의 소명을 주신 은혜의 주님을 뵙는 것은 가장 큰 기쁨이다. 내가 나누고 싶은 나의 고백은 부르심은 은혜라는 것이다. 소명은 자격 없는 우리에게 선물로 주시는 주님의 은혜다. 이 은혜를 모든 분들이 함께 나누기를 간절히 소망해 본다.

땅을 구입해야 하는데, 그러한 능력이 없는
우리 부부는 "이 산지를 내게 주소서" 라는 찬양을
하루에도 수없이 불렀다. 그때 흘렸던 눈물, 그 눈물이
습기가 되어 선교센타축구장에 푸른 잔디가 되었다.

치료하시고
부르시는 하나님

태국 | **오필환**

오필환 선교사는 1980년 육군대표축구단에서 군복무를
마치고 그 해 12월 할렐루야프로축구단에 입단하여
1990년에 선수생활을 은퇴하고 2년간 스포츠선교를 국
내에서 실행한 후 그 효과를 해외선교에 접목시키기 위해
1994년 태국선교사로 파송받아 지금까지 스포츠를 매
개로 하여 복음을 전하고 있다.

죽어가는 아내

할렐루야 프로축구팀에서 선수생활을 하던 나는 아내와 결혼하여 행복하게 살고 있었다. 딸 세빈이도 선물로 받았다. 그러다가 어느 날부터 아내가 아프기 시작했다. 대학교 다닐 때 폐결핵으로 한차례 어려움을 겪었던 아내가 나와 결혼한지 3년이 되었을때, 병이 재발한 것이다. 아내의 폐결핵 재발로 인하여 행복했던 우리 가정에 어두움의 그림자가 드리워졌다.

아내는 치료를 위해 약을 복용해야 했다. 약이 너무 독해서 아침 공복에 약을 먹으면, 약 때문에 오는 아픈 통증을 이기지 못하고 몸부림을 치다 기진하여 쓰러지기를 매일같이 반복했다. 그렇게 정신을 잃으면 오후 1시쯤 되어 겨우 눈을 뜨게 되었다. 매일같이 고통을 겪는 아내를 위해 내가 해줄수 있는 것은 아무것도 없었다. 그때의 안스러운 마음을 글로 표현하기 힘들다. 벼랑 끝에 매달려 안간힘을 쓰면 쓸수록 붙잡고 있는 줄이 부지직 소리를 내며 조금씩 끊어져 나가는 느낌이었던 것 같다.

아내의 증상은 더욱 악화되었다. 매일 처방하던 엉덩이 주사는 맞지 못하게 되었다. 팔에 맞던 주사도 혈관이 보이지 않아 더 이상 처치할 수 없게 되었다. 설상 가상으로 약물치료로 인하여 허약해진 육체로 인하여 정신착란 증세까지 나타났다. 급기야 물도 마시지 못하는 지경까지 이르렀지만, 죽어 가는 아내를 위해 내가 할수 있는 것은 아무것도 없었다.

그때 하나님께서 나에게 찾아오셨다. 나는 치료하시는 하나님을 보게 되었다.

치료하시는 하나님

하나님은 아내를 데리고 기도원을 찾게 하셨다. 죽을 때 죽더라도 하나님 앞에서 씨름하고 싶었다. 하나님은 그렇게 내 마음을 기도하도록 이끌어 주셨다. 기도원을 찾은 나는 삼일간 금식하며 밤과 낮으로 하나님께 부르짖었다.

나는 말씀을 들었다. "네가 내게 구하면 내가 응답하겠고 네가 내게 울며 부르짖으면 내가 여기 있다 하리라" 하나님께 울며 부르짖어 기도하면, '하나님은 여기 있다' 하시며 맨발로 달려와 우리를 안아 주신다는 말씀이 아닌가! 나는 이 말씀을 붙들고 하나님께 기도했다. 아내의 꺼져가는 생명을 주님의 능력으로 다시 살아나게 해 달라며 울부짖기 시작했다.

하루가 지나고 이틀이 지나고 삼일이 지나도 아무런 변화가 일어나지 않았다. 애절하게 부르짖고 사정하면서, 아내를 살려달라고 기도했다. 만약에 살려만 주신다면, 아니 생명을 연장시켜 주신다면, 나는 하나님께서 원하시는 모든 일을 다 하겠다고 되풀이하여 기도했다.

그럼에도 불구하고 하나님은 아무런 응답을 하지 않으셨다. 나는 모든걸 포기하고 짐을 챙겼다. 아내를 기도원에서 죽게할 수는 없었다. 이렇게 기도원에서 기도하다가 죽음을 맞이하는 것 보다는 집에 가서 주님 품으로 보내야겠다는 생각을 했다. 짐을 다 챙겼다. 그리고 가방을 들려고 하는데 내 마음 속에 생각의 변화가 일어났다. 1시간 30분만 있으면 낮예배가 시작 되는데 그 예배를 드리고 가라는 마음을 하나님께서 주셨다. 나는 즉시 하나님의 싸인이라 판단하였다. 교회 빈 자리에 앉아 하나님께 큰소리로 찬양했다. 내가 처한 상황은 찬양이 아니라 원망할 상황이었지만 하나님께서는 내 마음을 열고 찬양으로 하나님을 예배하게 인도하셨다.

찬양을 시작한지 한 시간쯤 되었을까? 기적이 일어났다. 약물로 인하여 정신착란 증세가 있어 기도나 찬양을 하면 거부하던 아내가 찬양을 따라하는게 아닌가! 그렇게 찬양을 함께 부르던 아내는 나에게 다가와 함께 기도하자고 말하였다. 기도하던 아내는 성령의 기름부음을 받았다. 주님은 아내의 입을 열어 방언으로 기도하게 하셨고, 찬양과 기도하던 그 자리에서 주님의 형상을 보게 하셨다. 나는 그때까지 신앙생활을 하면서 주님의 영이 그렇게 강하게 임재하심을 경험하지 못했었다. 그 날 임하신 주의 임재는 내 삶을 완전히 바꾸어 놓았다. 그리고 모든 것이 해결되었다. 아내의 정신착란 증세도, 폐결핵도 모두 깨끗함을 받은 것이다. 주께서 십자가를 지실때 우리의 연약함과 질병과 가난과 저주를 함께 멸하시고 3일만에 부활하신 것처럼, 주님은 아내를 죽음에서 살아나게 하시고 성령의 충만한 기름부으심으로 말미암아 하나님의 사람으로 새롭게 태어나게 하셨다.

어둡고 캄캄한 죽음의 터널 속에서 우리를 건져주신 주님! 주님은 미천한 나를 버리지 않았다. 믿음의 선조들에게 약속하신 것처럼 나를 사랑하시고, 나와 함께 하시며, 내가 구하는 모든 것들을 응답해주셨다. 그 주님께 감사와 영광을 올려 드린다.

살려만 주시면

나는 지금 그때 기도한 그대로 살고 있다. '우리 부부는 살려만 주시면, 생명을 연장시켜 주시면 주를 위해 뭐든지 다 하겠습니다.'라고 기도한 그대로 살고 있다.

나는 그때 기도한 것 중 두 가지를 기억한다. 첫째는 하나님께서 원하시면 뭐든지 하겠다는 것이며 두번째는 아내를 살려주시면 평생 아내를 사랑하며 살겠다는 것이었다. 나는 하나님과 한 이 두 가지 약속을 지키며 살아가고 있다. 죽는 날까지 하나님께서 내게 맡기신 선교의 사명을 감당할 것

이고, 내게 주신 아내를 사랑하며 하나님의 마음에 기쁨이 되는 삶을 살고
자 최선을 다할 것이다. 내게 가장 가까이 있는 아내를 사랑하는 것이야 말
로 하나님을 사랑하는 것이기 때문이다.

태국선교사로 나가다

하나님께서 내게 원하신 일은 불교의 본거지인 태국에서 선교사로 일하는
것이었다. 선교사로 처음 맡은 사역은 므앙타이 신학교 사역이었다. 신학교
에 입학하는 학생들이 없기 때문에 축구를 매개체로 하여 신학생들을 모집
하고자 선임선교사는 축구선수 출신의 나를 초청하였다. 이러한 계획을 알
고 태국에 도착했는데 난관이 기다리고 있었다. 신학교를 운영하는 현지 목
사님이 스포츠 사역을 하지 않겠다고 거부하였다. 이유를 알아보았다. 나보
다 먼저 축구선수 출신 선교사를 신학교 선교사로 불러 일을 시작 하였는
데, 그 선교사가 가정에 어려운 일로 한국으로 돌아갔는데 연락이 되지 않
았다고 한다. 담당 선교사가 태국으로 돌아오지 않는 바람에 2년간 스포츠
사역이 미루어지는 일이 벌어졌고, 그 일로 인하여 신학교에 와서 축구를 하
고자 했던 학생들이 학교에 찾아와 시위와 농성을 하였다. 그리고 당시 현지
인 목사님이 폭행을 당하는 일까지 있었다. 그래서 어려움을 당했던 현지인
목사님은 다시는 스포츠 사역을 하지 않겠다고 했다는 것이다.

청소년 사역을 시작하다.

그 일로 인하여 나는 사역지가 없어졌다. 신학교 사역을 위해 왔다가 시작도 해보지 못하고 오도가도 못하는 신세가 되고 만 것이다. 가뜩이나 평신도 선교사라고 이리저리 구박을 받아야 했던 시기에 사역까지 없어지는 일을 겪게 되었으니 '하나님께서 나를 정말 부르셨나' 하는 의구심을 갖기도 했다.

새로운 사역을 위해 기도하던 중, 하나님께서 나에게 태국 청소년들에게 복음을 전하여 하나님의 사람으로, 또는 주의 종으로 세우라는 사명을 주셨다. 사명을 받고, 나는 초등학교를 졸업하는 어린 학생들을 매년 20명씩 선발하였다. 그들은 선교센타에서 공동체 생활을 하면서 축구를 배우며 신앙생활을 하게 하였다.

청소년 사역을 하게된 이유는 많은 선교사님들이 성인들을 상대로 교회를 개척하여 사역을 하였지만, 교회가 부흥이 되지 않는 모습을 보았기 때문이다. 왜 태국교회는 부흥이 되지 않는 것일까? 내가 얻은 결론은 태국 사람들은 어려서 부터 불교 교육을 받고 학교에서도 불교 공부를 하게 된다. 이들이 중학교 3학년을 졸업할 나이가 되면 철저한 불교인이 되기 때문에 쉽게 개종을 하지 않는 것이다. 이러한 현상을 극복하고, 태국 땅에 그리스도의 복음을 전파하기 위해 하나님께서는 청소년 사역의 비전을 주신 것이다.

그러나 처음에는 어린아이들을 양육하여 하나님의 일꾼으로 세우라는 사명에 대하여 하나님께 불평했다. 어린 학생들을 선교센타에서 먹이고 입히고 재우며 공부를 시키려면 물질이 뒷받침 되어야 할 수 있는 일이 아닌가? '후원교회 한 곳도 없는 내가 어떻게 이 일을 할 수 있습니까?' 이렇게 말이다.

그때는 평신도 선교사에게 아무도 관심을 갖지 않았다. 그래서 '나에게 이 무거운 십자가를 지게하지 마시고 목사 선교사들에게 하라고 하시지요' 하면서 푸념했다. 그때 주님께서 말씀하셨다. '저들에게 말했는데 순종하는 사람이 없다. 그러니 네가 하면 않되겠니! 네가 그 일을 하면, 내가 함께 할 것이다. 내가 세상을 구원하기 위해 영문 밖으로 나아가 십자가를 지고 골고다로 향했던 것처럼, 네가 나를 위해 십자가를 져라. 어린 아이들을 가슴에 품고 내 백성으로 세우는 일을 하면, 너와 함께 일하겠다'고 말하셨다. 나는 태국을 향한 주님의 간절함을 보았고 눈물을 보았다. 또한 나를 안타까운 마음으로 바라보시는 주님의 시선을 보았다. 나는 주님의 간절함을 외면할 수 없었다. 그토록 원하시는 주님의 일을 내가 하면 주께서 얼마나 기뻐하실까! 그 일이 힘들고 어려운 일임에는 틀림없지만, 그럼에도 불구하고 나와 함께 하신다는 주님 말씀에 순종하였다. 주님께 기쁨을 드리는 자가 되기로 다짐했다. 즉시 순종하기로 했다. '순종이 제사보다 낫다'는 말씀을 마음에 새기고 나는 영문 밖으로 나아가 태국의 죽어가는 어린 영혼들을 살리기 위해 믿음으로 그 짐을 지기로 했다. 오직 주님만 바라보며!

지금도 부족하지만 나를 사용하시는 주님을 바라본다. 어두움에 갇혀있는 저들을 빛으로 인도하여 주님의 거룩한 백성으로 세우는 나를 바라보고 계시는 주님을 본다. 그리고 저들을 통해 광명한 빛으로 태국 땅을 비춰게 하실 주님을 나는 믿는다. 그래서 나는 오늘도 십자가를 지고 영문 밖의 고난의 길을 주님과 더불어 걷고 있다.

나는 내가 가고 있는 길이 생명의 길이라 여긴다. 그리고 그 길을 25년간 걷고 있다. 지난 25년간 주님은 약속하신대로 항상 나와 함께 하셨다. 그때그때 필요한 것들을 공급하셨다. 내가 연약할 때 능력자가 되어 치료하여 주셨고, 하나님을 만나고자 눈물로 부르짖을 때, 나의 영안의 눈을 열어 주셔서 하나님의 마음을 알게 해 주셨다. 때마다 하늘 문을 여시고 성령을 부어 주셨다. 하나님은 당신의 마음을 알게 하셨다. 이는 선교사인 내게 하나님께서 주신 가장 큰 선물이다.

선교는 삶이다

나는 "선교는 삶이다"라고 외친다. 아무리 멋진 말로 설교를 해도 삶이 말과 일치하지 않으면 진정한 열매를 기대하기 어렵다. 삶으로 선교를 해야 진정한 열매를 맺을 수 있다는 말은 아무리 강조해도 지나치지 않으리라 생각한다. '기도해라' 전하기 전에 내 삶을 통해 기도하는 모습을 저들에게 보여주는 것이 선교인 것이다. 새벽기도를 마치고, 점심 때가 되도록 서재에서 말씀을 읽고 묵상하는 삶의 모습을 현지인들에게 보여주는 것이 선교다. 힘들고 어려운 일이 있을때, 세상을 의지하지 않고 오직 우리의 어려운 문제들을 해결하여 복된 자리로 인도하실 하나님만 바라보고 의지하는 삶의 태도가 선교인 것이다. 또한 불평할 수 밖에 없는 상황에서도 감사하는 삶이야 말로 최고의 선교라 할 수 있을 것이다. 그러므로 선교가 무엇이냐고 물어보는 사람들에게 나는 스스럼없이 "선교는 삶이다"라고 답한다

아내, 신학교 일을 시작하게 되다

우리 부부가 선교사로 헌신하게 된 동기는 죽어가는 아내를 살려주신 하나님의 은혜와 사랑 때문이라고 말했다. 그렇다. 우리 부부는 사랑이신 하나님이 "나의 하나님" 되어 주셨기 때문에 태국 땅에서 선교사로 일하고 있다.

한번은 한 신학교에서 성악을 전공한 아내에게 음악과를 개설해야 하는데 사람이 없어 못하고 있다며 음악과를 맡아 달라고 부탁해 왔다. 하지만 우리는 거절해야 했다. 이유는, 아내가 하나님의 치유의 은혜로 건강하게 되어 태국에 올 수 있었지만, 아내의 건강 상태는 힘든 일을 할 만큼 호전되어 있지 못한 상황이었기 때문이다. 아직 일반 사람들처럼 움직이기는 어려운

상황이었고, 몸무게는 41~42키로 밖에 않되는 조심스런 상황이었다. 더우기 신학교가 시골에 있기 때문에 집에서 신학교까지 가려면 자동차로 왕복 5시간 이상 걸리는 곳에 있었다. 여러 정황이 좋지 않다 판단되어 선뜻 결정을 못하고 있었다. 하지만 신학교 측에서 너무나 간절하게 요청하기에 거절할 수 없어 조건부로 허락하였다. 조건은 아내가 연약한 몸으로 신학교 사역을 시작하는데 하나님께서 건강을 지켜주시면 지속적으로 하는 것이고 건강에 어려움이 오면 중단한다는 것이었다. 하나님께 기도하고 신학교 일을 시작하였다. 아내의 건강이 염려되어 신학교 사역을 선뜻 시작하지 못하였던 것인데 신학교 일을 시작한 이후로 하나님께서는 아내의 건강을 놀라운 속도로 회복시키고 강건하게 해주셨다.

아내는 하나님의 도우심으로 7년간 신학교 사역을 할 수 있었다. 전적으로 강건하게 하시는 하나님의 도우심이 있었기에 가능했다. 믿음으로 신학교 사역을 감당한 아내에게 하나님께서는 늘 함께 하셨다. 아프기 전보다 더 강건하도록 축복해 주셨다. '심은대로 거두게 하리라'고 약속하신 하나님은 우리의 삶 속에서 그렇게 역사하셨다! 할렐루야.

폐결핵으로 인하여 죽어가던 아내에게 새 생명을 주신 은혜가 감사하여 프로선수 생활을 하며 받았던 모든 것들을 내려놓고 온 몸과 마음을 드려 헌신했더니 건강하게만 하신 것이 아니라, 우리에게 큰 기쁨이 되고 있는 둘째 딸도 더하여 선물로 주셨다.

하나님의 사명을 감당하며 열심히 일하는 사람들을 보면, 그들은 삶 속에 어려움이 있어도 원망하지 않고 감사의 마음을 가지고 헌신한다. 그들이 고난이 와도 불평하지 않고 감사할 수 있는 것은 오늘의 고난이 지나가면 감사할 일들이 더 풍성하게 임하게 될 것을 믿고 있기 때문이다. 과연 성경 속 사람들처럼 오늘날도 고난을 축복으로 여기고 받아들일 수 있는 사람이 얼마나 될까!

나는 언제부터인가 "고난은 축복이다"라고 말하게 되었다. 그것은 나를 사랑하시는 하나님께서 고난과 아픔을 통해 나를 다듬어 가신다는 사실을 알게 된 후 부터다. 이 사실을 알고 난 후 성경을 통해 모든 고난은 우리에게 아픔을 주지만 그 고난을 믿음으로 승화시킨 사람에게는 고난을 축복으로 만들어 주신다는 사실을 알게 되었다. 마치 비가 오기 전에 먹구름이 먼저 몰려오는 것과 같이 하나님은 축복을 주시기 전에 고난을 먼저 주신다는 사실이다.

나의 삶 속에서도 하나님은 동일하게 역사하셨다. 가난했기 때문에 초등학교 졸업 후 중학교에 진학하지 못했다. 어린 나이에 서울에 올라와 벽돌 찍는 공장에서 일하였다. 그 때에는 내 삶이 비참한 것 같고 그로 인해 미래가 없는 것 같았다. 그러나 하나님께서는 나를 선교사로 부르셨다. 태국 땅에 교회와 선교센타를 건축하게 하실 때, "먹고 살기 위해" 어린시절 벽돌을 찍었던 경험으로 인하여 내 손으로 직접 벽돌을 찍어 교회와 선교센타를 건축하게 하셨다. 우리가 예배드릴 성전을 내손으로 직접 만든 벽돌로 건축하게 하셨으니 이보다 큰 축복이 어디 있겠는가? 나는 이 일을 통하여 고난이 축복일 뿐만 아니라 항상 앞서서 내 삶을 이끌고 계신 하나님을 발견하게 되었다. 앞서 행하시는 하나님 앞에 늘 감사하는 삶을 살게 되었다. 그러므로 오늘의 삶이 아무리 힘들고 어려워도, 물이 없는 사막의 한 복판에 있는것 같은 절망의 순간에 서 있어도, 나를 위해 사막에 길을 내시고 물을 공급하실 하나님을 알기 때문에 감사의 마음을 가지고 앞을 향하여 나아가고 있는 것이다.

평신도 사역자로 보냄을 받다

나는 1992년도에 평신도 선교사로 태국에 보냄을 받았다. 당시에는 평신도 선교사를 후원하는 교회가 없었다. 3년간 후원교회가 없었다. 어려울 때마다 도우실 이는 오직 주님 밖에 없음을 알기 때문에 매일 같이 주님앞에 엎드려 기도하며 주님과 교제하는데 온 힘을 기울였다. 새벽기도를 마친 후 언제나 사무실에서 말씀을 묵상하였다. 아침 식사를 마친 후에도 특별한 일이 아니면 사무실에 하나님을 알아가는데 모든 시간을 할애하였다. "하나님을 아는 것이 내 일이라" 하셨기에 나는 하나님을 아는 일에 최선을 다하였다. 그렇게 25년이 지난 지금 나의 삶을 돌아보니, 하나님께서는 당신을 알기 위해 애쓰는 나의 삶을 늘 지켜보시고 계셨다는 것을 알게 되었다. 그리고 후원교회가 없음에도 불구하고, 하나님은 내게 분부하신 어린 학생들을 양육하여 하나님의 사람으로 양육하는 일을 포기하지 않게 도와주셨다. 기도와 믿음으로 사역을 진행해 나갈 때, 하나님은 당신이 약속하신 모든 약속들을 다 이루게 해주셨다. 없었던 후원교회도 붙여주셨고, 센타 내에 교회도 건축하게 하셨고, 신학교도 건축하게 하셨다. 양육받은 학생들이 하나님의 일꾼이 되어 태국 땅 곳곳에 교회를 세우도록 인도하셨다. 지금도 많은 학생들을 하나님의 일꾼으로 세워가는 일을 하게 인도하시니, 이것이 하나님의 은혜가 아니면 무엇이겠는가?

무슨 일을 하든지 한 우물을 파자

고난이 축복인 것은 그 고난을 통해 내가 하나님의 온전한 도구로 빚어지기 때문이다. 나에게 어려움이 없었다면, 나는 하나님을 알기 위해 그토록 힘쓰지 않았을 것이다. 고난이 없었으면 지금의 내가 하나님을 아는것 만큼 알지 못했을 것이다. 하나님을 알지 못했으면 내 생각대로 살았을 것은 뻔하다. 고난을 이기고 하나님의 은혜의 품안에 거하도록 인도하신 하나님께 감사와 찬양을 드린다.

내가 태어난 고향은 밤이면 부엉이의 울음 소리와 늑대의 울음소리가 들리는 시골 산속의 작은 마을이다. 봄이면 소쩍새의 울음소리가 구슬프게 들리고, 논과 밭에서는 개구리들이 밤 새워 노래하는 그런 마을이다. 아침이면 설거지를 마친 아낙네들이 마을 한가운데로 흐르는 냇가에서 빨래를 하며 정감을 나누는 빨래터가 있는 그런 곳이었다. 그런가하면 우리 마을 한가운데에는 공동 우물이 있었다. 모든 마을 사람들이 사용하는 공동 우물이다. 그곳은 쌀을 씻고 음식할 물과 또 집에서 필요한 물을 길어가 사용하는 마을 사람들의 생명수와 같았다. 어린시절 나는 물지게를 지고 그 우물에서 물을 퍼 나르는 일로 어머니를 돕고는 했다.

그렇게 모든 사람들이 공동 우물을 사용하던 시절, 하루는 어머니께서 집 뒷뜰에 우물을 파기 시작하셨다. 어머니 생각에 공동으로 사용하는 마을 우물에서 물을 가져다 사용하는 시간과 노동의 대가가 크다고 생각하신 것이다. 그래서 아예 집안에다 우물을 파고자 하셨다. 땅을 파기 시작하여 10여미터를 파 내려갔을때, 석벼래라고 하는 흙벽돌색 돌을 만나는 돌발 상황이 발생했다. 그때까지는 무른 흙이라 별 어려움 없이 파내려 왔는데 석벼래라는 돌을 만난 이후 부터는 하루 종일 1미터 정도 밖에 팔 수가 없었다. 그럼에도 불구하고 어머니는 멈추지 않으시고 망치와 끌을 이용해 계속 파내려갔다. 손 바닥에 물집이 생기는 것도 아랑곳 하지 않으시고 어머니는 망치질을 멈추지 않으셨다. 그때까지 돕지 않으시던 아버지는 다른 곳으로 옮겨서 다시 시작하지 왜 미련한 짓을 하냐며 잔소리만 늘어 놓으셨다. 그래도 어머니는 일하시던 손을 멈추지 않으시고 계속 파고 또 파내려갔다. 그렇게 3미터 정도의 석벼래 돌을 떠 냈을때 기적이 일어났다. 신기하게도 그 돌 속에서 맑고 깨끗한 생수가 솟아나기 시작한 것이다. 할렐루야!

우리 가족은 그 우물을 지금도 사용하고 있다. 땅속 깊은 곳에서 그것도 바위를 뚫고 나온 물이기 때문에 얼마나 시원한지…… 여름에는 우리집 냉장고가 되었다. 지금도 여름철에 어쩌다 시골집에 가면 더위를 잊기 위해 등목을 하곤 한다. 우물 물이 몸에 소름 끼칠 정도로 차기 때문에 더위가 한숨에 사라진다.

어머니가 우물을 파실때, 아버지의 구박 속에서도 멈추지 않으시고 끝까지 우물을 파신 이유가 무엇일까? 어머니는 삶의 경험을 토대로 석벼래(망치로 때리면 깨지는 돌)에서 물이 나오면 더 깨끗한 물이 나온다는 사실을 알고 계셨던 것이다. 그래서 오염되지 않은 최고의 물을 얻기 위해 힘들고 어렵지만 끝까지 땅을 파고 또 팔수 있었던 것이다. 만약에 어머니께서 인내심이 부족하신 아버지의 말을 듣고 하던 일을 멈췄다면 최고 수질의 우물은 없었을 것이다. 나는 어머니께서 끝까지 포기하지 않으시고 한 우물만 파시는 모습을 보고 내 삶의 지표로 삼았다. '무슨 일을 하든지 한 우물을 파자'. 그것이 내 삶의 지표가 되었다.

내가 하고 있는 청소년 사역이 바로 그것이다. 하나님께서는 나에게 청소년들을 양육하여 하나님의 일꾼으로 세우라는 사명을 주셨다. 나는 하나님께서 나를 통해 이루고자 하시는 일이 무엇인지 알게된 이후 단 한순간도 다른 길을 찾으려 하지 않았다. 오직 청소년 사역에만 집중해 왔다. 초등학교를 졸업한 어린 학생들을 매년 20명씩 선발하여 총 120여명의 학생들을 선교센타에서 먹이고 입히며 하나님의 말씀을 가르쳤다. 그들로 하여금 하나님의 길을 걷게 하는 일이 쉬운일이 아니었음에도 불구하고 포기하지 않았다.

그 길을 25년간 걸어 왔다. 하나님께서는 매순간 함께 하셨다. 더욱이 하고 있는 모든 일들을 확장시켜 주셨다. 많은 열매를 맺도록 축복해 주셨다. 지금 함께 일하는 동역자들 모두가 이곳에서 자라고 성장한 사람들이다. 각 지역에 교회를 세워 일하고 있는 많은 태국 목회자들이 이곳에서 배출된 이들이다. 또한 이곳에서 배출된 많은 프로선수들이 각 프로팀에 진출하여 복음을 전하고 있다. 이처럼 하나님을 기쁘시게 하는 사역을 하는 나에게 올해부터 하나님께서는 "할렐루야 파타야 FC" 프로 2군팀을 운영할수 있도록 길을 열어주셨다. 이것이 한 우물을 파는 사람에게 주시는 하나님의 선물이다. 우리를 사랑하시는 하나님께서도 우리를 향해 한 우물만 파기를 원하신다.

그렇다면 어떻게 해야 많은 어려움이 있는 상황 속에서도 포기하지 않고 끝까지 한 우물을 팔수 있게 되는 것일까?

나는 창조주 하나님을 제대로 알고 그리고 그분의 모든 약속의 말씀을 믿을 때 가능하다고 생각한다. 생명수이신 예수 그리스도, 생명의 떡이신 예수 그리스도를 알기 위해 최선을 다할때 가능하리라 본다. 주님을 바로 알 때, 비로서 우리에게 믿음이 생기고, 그 믿음 안에서 삶을 살아갈 때 하나님의 은혜와 축복의 품에 안기게 된다. 이처럼 오직 주님 만을 바라보며 살아갈 때, 우리는 순종의 길을 걷게 된다. 어머니는 우물을 파실 때 가졌던 그 믿음 – 석벼래 속에서 물이 나오기만 하면 그 어떤 물보다 깨끗하다는 – 이 있었기 때문에, 손에 물집이 생겨도 포기하지 않고 끝까지 인내할 수 있었다. 우리에게도 주님을 향한 믿음이 있어야 하나님께서 원하시는 올바른 선교를 할 수 있다. 주님께서 이 땅에 오셔서 하신 일은 제자를 삼아 그들을 훈련시켜 복음을 전하게 하는 일이다. 선교사들이 해야할 일도 현지인들을 하나님의 사람으로 세워 그들로 하여금 복음을 전하게 하는 일이 최우선이 되어야 한다고 생각한다. 선교사들도 이 일에 충실할 때, 하나님께서는 그들의 사역 위에 기름을 부으셔서 풍성하게 하실 것이다.

하나님을 알면 아는 것 만큼 믿음이 커진다. 주님이 항상 나와 함께 하며 도우시고 인도하시고 능력 주시는 분이심을 확신하면, 이러한 믿음을 소유한 자에게 하나님께서는 한 우물을 파게 인도하실 것이다. 뿐만 아니라 주님은 순종하는 삶의 길을 걷는 자와 항상 함께 하신다. "내가 너를 버리지 아니하며, 떠나지 아니하며, 영원히 함께 할 것이다."라고 하신다. 오늘도 오직 주님만 바라보며 믿음으로 선교사의 길을 걸으며 선교의 사명을 감당하고 있는 선교사들과 후원교회 위에 하나님의 은혜와 은총이 넘쳐나기를 소망한다.

사라진 축구장

처음 태국에서 사역을 시작한 곳이 '방센'이란 곳이다. 나는 그곳에서 축구를 좋아하는 현지인에게 숙소와 축구장을 빌려 사역을 시작하였다. 13년쯤 되었을때 안타깝게도 우리가 사용하던 축구장을 사용할 수 없게 되었다. 이유는 우리를 돕던 현지인 소유 공장이 불이나 그가 전 재산을 잃게 되었기 때문이었다. 그는 우리에게 빌려주었던 축구장 땅의 절반을 매매하고, 그 돈으로 남은 절반의 땅에 공장을 건축하고자 하였다. 우리 부부는 13년간 그 땅을 달라고 매일 기도해 왔는데 하나님께서는 기도한대로 우리에게 주신것이 아니라, 아예 사용하지도 못하도록 다 거두어 가신 것이었다. 양육하고 있는 학생들과 사역은 번창해가고 있었고 학생들의 신앙도 잘 성장하여 가장 기쁨이 충만하던 때에 하나님께서는 왜 우리에게 필요한 축구장을 거두어 가시는 것일까? 도무지 이해할 수 없는 상황이 벌어진 것이다.

축구장이 없어짐으로, 우리는 2년간 이곳 저곳으로 축구장을 찾아다녀야 했다. 그럴때 마다 우리 부부의 아픔과 상실감은 커져만 갔다. 축구장이 필요한 우리는 매일같이 기도하며 땅을 찾아 다녔다. 빈 공터의 땅들이 수없이 많건만 우리가 사용할 땅은 없다는 사실이 우리의 마음을 더욱 아프게 했다.

신기하게 일하시는 하나님

그렇게 땅을 찾아 다니고 있을 때, 어느날 한국에서 한 통의 전화가 왔다. "선교사님! 땅은 구입하셨나요?" 2년전 미얀마 선교를 가려 준비했다가 비자가 취소되는 바람에 미얀마를 들어가지 못하고 태국에서 1주일을 보내시다 우리 선교센타를 방문하셨던 분이었다. 내가 축구장이 없어 안타까워 하는 모습을 보시고 축구장을 허락해 달라고 간절히 기도해주고 가셨던 목사님께서 전화를 주신 것이다. '아직 기도하고 있습니다' 라고 대답을 하자 목사님께서 이런 말씀하셨다. "우리교회에 중소기업을 운영하고 계신 장로님이 계십니다. 추석에 직원들에게 보너스를 주려고 했는데 회사 직원분들이 경제가 이렇게 어려운데 어떻게 보너스를 받겠냐며 그 돈을 회사를 위해 사용하라며 극구 사양하더랍니다. 장로님이 기도하던 중, 목사님께서 사용하실 곳이 있나보다 생각이 되어 2억원을 가져오셨구요. 그래서 그 돈을 놓고 어디에 사용해야 하나님께서 기뻐하실까 기도하던 중 태국에 축구장이 없어 안타까워하는 선교사와 그곳에서 훈련받고 있는 학생들 모습이 떠올라 전화를 하게 되었다"라고 하셨습니다.

하나님께서 일하시는 방법은 참으로 신기하다. 태국에 선교센타 땅을 구입하게 하기 위하여, 2년 전 미얀마 선교를 하고자 하는 교회가 미얀마로 가는 길을 막으시고 태국으로 오게 하셨다. 그때는 몰랐는데 이제와 생각해 보니, 축구장을 잃고 안타까워 하고 있는 우리에게 축구장을 선물로 주시려고 하셨다고 생각된다. 나에 대한 하나님의 은혜는 그 끝이 없는 것 같다.

그때 우리는 2만 평의 땅을 놓고 기도하고 있었다. 가격은 12억 원이었다. 아직 땅을 구입하지 못했다는 나의 이야기를 들으신 목사님께서는 땅을 계약하라고 하시며 이어서 전화로 축복 기도를 하셨다. 목사님은 "하나님! 제 경험으로 첫 선교비는 십일조 였는데 오늘 이 2억원이 20억원이 되어 땅도 사고 건축도 할수 있도록 축복하여 주옵소서. 그리하여 태국 땅에 하나님의 나라가 확장되게 하옵소서"라고 기도를 해주셨다. 기도를 마친 후, 나는 목사님께 조심스럽게 질문을 했다. "목사님 2억원으로 계약을 했다가 중도금과 잔금 처리를 하지 못하면 다 잃어버릴 수도 있는데요"라 했더니 "걱정하지 말고 계약하라"고 하셨다. 나는 그렇게 2만평의 땅을 계약하게 되었다. 그후 어렵게 중도금을 해결하고 나머지 잔금 3억 원만 남게되었다. 잔금 지불 날짜가 가까이 왔음에도 불구하고 잔금 3억 원은 준비되지 않고, 그동안 지급한 9억 원을 고스란히 잃어버릴 위기에 처했다.

안타까운 마음으로 기도하던 중, 어쩔수 없이 해선위를 찾아가 3억 원을 빌려 지급하지 못한 잔금을 처리하고 땅 문제를 매듭 짓게 되었다. 그리고 지금은 그간 해선위에서 빌린 3억 원 가운데 2억 2천만 원을 갚고 아직 8천만 원을 갚지 못하여 본부로부터 빚독촉을 받고 있는 빚쟁이 선교사가 되었다.

하나님께서는 땅을 매입한 후 교회와 신학교 그리고 선교센타와 학생들 기숙사를 건축하게 하셨다. 전체 땅값과 공사비로 정확하게 20억 원이 들었다. "20억 원 공사가 되게 하옵소서" 라고 기도한대로 20억 원을 주서서 모든 건축을 마칠 수 있게 하신 하나님께 감사와 영광을 올려드린다.

하나님은 땅 구입과 건축을 위해 선교현장에서 오직 하나님만 바라보며 도움을 청하게 하셨다. 사람을 의지하지 말고 "내가 하는 일을 바라보라" 하신 하나님께서는 오직 말씀에 의지하여 하나님만 바라보며 기도하게 하셨다. 그렇게 눈물로 부르짖게 하신 하나님께서는 하나님의 시간에 하나님의 방법으로 한국에 있는 사람들을 태국으로 인도하여 모든 것을 이루게 하셨다.

계속해서 일어나는 기적

기적은 믿음으로 땅을 계약한 후에도 계속하여 일어났다. 계약 후 축구장을 만들기 위해 그리고 건축을 하기 위해 혼자서 3개월 정도 땅을 파며 정지 작업을 할 때이다. 어느날 한 중년의 남성 한 분이 찾아왔다. 한국에서 건설업을 했던 분인데 지금은 건강에 이상이 있어 요양차 태국에 머물고 계시는 분이었다. 그 분은 젊었을 때, 하나님 앞에 교회를 건축하겠다고 헌신을 했었다. 아직까지 실행을 하지 못하고 살아왔는데, 태국에 와서 지난 3개월간 매일 운동을 하기 위하여 아침과 저녁으로 내가 일하는 곳을 지나가게 되었고 내가 하루도 쉬지 않고 일하는 모습을 보고 마음에 감동을 받았다는 것이다. '저렇게 신실하신 목사님을 통해 젊어 서약했던 교회 건축을 태국에서 해야겠다'는 마음이 들어서 찾아왔다는 것이다. 이야기를 더 들어보니, 한국에서 뇌졸중 초기 증세가 나타나 병원에 갔는데 의사 선생님이 추운 겨울철에는 더 악화 될수 있으니 따뜻한 나라에 가서 몸조리를 하라고 했다는 것이다. 나는 그분의 이야기를 들으며 하나님께서 일하시는 것을 볼수 있었다. 따뜻한 나라가 어디 태국 뿐인가! 그럼에도 불구하고 하나님께서는 그분을 태국으로 인도하셨고 태국으로 인도하신 하나님께서는 정확히 내가 살고 있는 파타야로 그분을 보내셨다. 그분을 파타야로 이끄신 하나님께서는 우리가 매입한 땅으로 인도하셨고 내가 일하는 모습을 보게 하시고 그 마음을 감동하게 하시어 교회를 건축하고자 하는 마음을 갖게 하신 것이다. 이 모든 일을 하나님께서 하신 것이다.

　내 손이 아무 것도 없는 빈손이라도, 내가 할 수 있는 일은 없어도, 오직 나를 도우실 주님만 바라 보았을 때 주님은 주님의 방법으로 모든 일들을 이루게 하셨다. 나는 오늘도 나와 함께 하시며 나를 도우시고 인도하시는 주님께 감사를 올려드린다. 때로는 힘들어 하는 나를 안아 주시고 눈물을 씻겨 주시는 나의 주 나의 하나님……
　땅을 구입해야 하는데, 그러한 능력이 없는 우리 부부는 "이 산지를 내게 주소서" 라는 찬양을 하루에도 수없이 불렀다. 그때 흘렸던 눈물, 그 눈물이 습기가 되어 선교센타축구장에 푸른 잔디가 되었다.

　폭포에서 떨어진 물방울은 튀어 습기가 주변에 번지게 하고 그 지역에 새파란 이끼가 생기게 한다. 그리고 그 이끼를 보는 이들의 가슴에 기쁨이 생기게 한다. 이렇듯 어려운 중에도 하나님 품에 거하였더니 주님께서 주신 은혜의 습기를 통해 아름다운 선교센타가 세워지게 되었다.

　하나님께 감사를 드린다.

'가장 멀리, 가장 밝게 비추는 빛은
가장 가까운 집안에서부터 빛나야 한다.'
'예수 그리스도께서 하나님으로서 나를 위해 죽으셨다면
내가 아무리 큰 희생을 치른다 할지라도 아무것도 아닐 것이다.'

-피터 마샬 (Peter Marshall)

어느새 주변 사람들이 자기들의 대화를 중지하고
조용히 우리의 대화를 듣기 시작하고 있는 것을 발견했다.
열차 속 그 자리는 전도하는 장소가 되었고,
그 시간은 전도하는 시간이 되었다.

광야에
강을 내리라

E국 | 최융근

최융근 선교사는 1989년 강남교회 파송으로 인도네시
아에서 선교사역을 시작했으며, 1992년 교단선교사로
파송받아 E국 빈민사역을 하였다. G기술학교 사역과 M
교회와 N한인교회를 개척하였으며, 현재 3만평의 사막
농장을 통하여 종합적인 회교 전도양육사역을 감당하고
있다. 가족으로는 아내 이연숙 선교사와 딸 인희, 아들 인
회가 있다.

또 가라사대 너희는 온 천하에 다니며 만민에게 복음을 전파하라 믿고 세례를 받는 사람은 구원을 얻을 것이요 믿지 않는 사람은 정죄를 받으리라. 믿는 자들에게는 이런 표적이 따르리니 곧 저희가 내 이름으로 귀신을 쫓아내며 새 방언을 말하며 _ 마가복음 16: 15-17

머리색 검은 것도 주님의 은혜

선교사 초기 국제 선교단체와 함께 우리가 빈민촌 지역에 살 때의 일이다. 외국인 사역자가 아무리 현지인 수준으로 같은 옷을 입고 그들처럼 구렛나룻을 기르며 살아도 몇 년을 한 지역에 살며 복음을 전하다 보면 눈에 띌 수밖에 없고 그러다 보면 소문 날 수밖에 없다. 종교 경찰이 비밀리에 우리 그룹을 미행하였고, 금발의 머리색깔과 큰 키 때문에 미국사역자는 그들의 집까지 추적을 당했다. 그런데 우리가 현지인들과 같은 머리색에 키도 작아서

인지 시장의 군중 속에 들어가 정보경찰은 우리를 쉽게 찾지 못하였다. 그러자 경찰들은 금발머리 미국 사역자의 집을 찾아가 미국 사역자들에게 우리에 대해 물었다. 미국 사역자들은 모른다고 함구하며 우리를 보호하여 주었다. 그 위험한 상황 속에서 때마침 안식년으로 그 지역을 일년간 떠나있게 되었다. 안타깝게도 같이 사역했던 금발머리의 사람들은 우리가 한국에 있는 동안에 추방을 당하였다는 소식을 들었다. 그 후 우리는 하나님의 보호하시는 은혜로 안식년을 마치고 돌아왔고 다른 지역으로 이사하여 새롭게 사역을 이어갈 수 있게 되었다.

길거리에 사람을 없애 주시다

비밀리에 교회를 세우는 일은 중동지역에서 하나님의 보호하시는 은혜 없이는 불가능한 일이다. 이슬람이 들어왔던 7세기 초부터 이슬람 정부가 들어선 애굽에서 교회건립은 정부 허락을 공식적으로 받아야 가능하다. 하지만 실질적으로 허가를 받아 새로운 교회가 생기는 것은 거의 불가능한 일들 가운데 하나다. 예외로 교회를 세우는 과정에서 무슬림들과 분쟁이 일어나 순교자가 생길 경우, 그 순교자들로 인하여 허락을 해 주는 일은 있다. 그러나 새 교회 맞은 편에는 반드시 모스크가 같이 생긴다.

C시의 끝자락에 믿는 사람들이 늘어나는데 교회가 없어서 예배를 못드

린다는 소식을 듣게 되었다. 현지 목회자와 함께 매주 그곳을 방문하여 예배를 드렸다. 일년 넘게 가정교회 형태로 예배를 드리다 보니 점점 사람들이 많아져서 가정집 규모로 그들을 다 수용할 장소가 없게 되었다.

교회를 하나 세워야 하는 필요에 따라 한국 교회들의 도움으로 대지를 구입하고 건축을 시작하게 되었다. 기초를 세우고 기둥을 세울 때는 일꾼들이 아무 말 안하더니 벽을 세울 때부터는 '왜 집을 이렇게 벽없이 만드나?'며 이상하다고 고개를 갸우뚱하더니 이런저런 말들이 생기기 시작하였다. 그런 의심의 소문이 일어나게 되자, 성도들과 함께 이 건물이 끝까지 무사히 지어질 수 있도록 중보기도를 시작하였다. 일반 가정집 빌딩처럼 아무런 장식도 하지 않은 그냥 큰 홀을 가진 2층 건물로 빌딩을 지었다. 그리고 건물을 지은 후, 일반 가정집처럼 보이기 위해 제일 먼저 빨래줄을 걸고 빨래부터 널었다. 아무리 불법 건물이라 해도 사람이 들어와 살기 시작하면, 사는 사람을 강제로 쫓아낼 수 없고 건물을 허물지 않는 것이 이 나라의 관행이기 때문이다.

그런데 이 건물에서 사람들이 예배를 드리려고 많은 사람들이 왔다갔다 하다보니 다시 의심을 받기 시작하였다. 정부관리들이 와서 처음에는 약간의 돈을 요구하더니 나중에는 건물에 '사용 금지'라고 빨간 촛농으로 인봉을 하였다. 겨우 인봉을 떼어내고, 예배를 드렸다. 그렇게 몇개월 지나, 강대상과 교회용 장의자를 옮겨와야 했다. 본당을 채울 수십개의 긴 장의자를 포함한 교회용 가구들이 옮겨오기 전에 온 교인들과 사역자들이 특별 기도주간을 선포하고 하나님의 보호하심을 기도하였다. 약속된 그 날, 트럭에 물건을 가득 싣고 왔으나 그 골목 주변에 사람들이 하나도 없었다. 성구들을 실어 내리는 동안, 주시하는 사람들은 눈에 띄지 않았다. 성구들을 건물 안으로 조용히 나를 수 있었다. 지금은 교회 건물이 있는 곳에 시장이 크게 형성되어 있다. 아주 복잡하고 사람들이 많이 왕래하는 곳의 중심에 교회가 위치하게 되었다.

어디든지 교회가 있는 곳에는 마주보이는 건너편에 회교사원 모스크를 짓는 것이 또한 이나라의 나쁜 관례 중 하나이다. 그래서 교인들이 합심하여 교회건물 바로 앞에 모스크가 생기지 않도록 기도하였다. 교회라고 알려진 뒤로 마주보이는 대지에 모스크가 들어오려고 하다가도 어떤 이유인지 모르지만 들어서지 못하고, 다른 일반 건물이 건너편에 먼저 세워져 결국 모스크는 몇 빌딩 떨어진 곳에 들어서게 되었다. 감사하게도 신자들이 모스크를 신경 안쓰고 교회에 올 수 있게 되었다.

처음 교회를 건축할 때, 훗날을 생각하여 십층 이상 올릴 수 있는 기초로 만들었다. 그래서 이 기초를 토대로 하여 증축을 계속하였다. 시멘트와 건축자재만 구입하고 성도들이 온몸으로 노동으로 봉사하면서 증축하였다. 장로님도 시멘트를 나르고 개어서 미장을 하는 등 온 교인들이 건축에 직접 참여하였다. 건물이 올라가다 보니, 지역사회 유지들의 눈에 띄어 "너희는 도대체 돈이 어디서 나서 이렇게 교회건물을 높이 짓느냐? 누가 돈을 대주는 뒷줄이 있는지 그 한국인 친구를 우리가 좀 만나봐야겠다."하며 위협하기 시작했다. 그때 교회 장로님이 지역유지와 회교 종교지도자에게 "유치부 아이들까지 용돈으로 성전건축 작정헌금을 하고 우리가 적은 돈을 모으고 또 우리 노동력으로 세운 건물이다."라고 답하셨다.

이렇게 2층으로 시작된 교회건물이 성도들의 힘을 토대로 지금은 8층이 되었다. 교회건물이 8층이 되다보니 넉넉하게 공간을 사용할 수 있게 되었다. 지역주민을 섬길 수 있는 치료센타와 유치원 등으로 섬기게 되었다. 회교인 지역주민들이 교회에 와서 많은 도움을 얻고 좋은 이미지를 갖게 되어 교회가 지역사회에서 인정을 받게 되었다.

지금은 교회건물 창문마다 빨간색 십자가 문양을 그려넣어 교회라는 것을 공식적으로 드러내며 사용하고 있다. 예전에는 대통령의 허락을 받아야 했던 교회등록이 이제는 지방시장의 허락 속에서 등록할 수 있도록 종교법이 바뀌어 현재 등록 절차가 진행 중이다.

위험이 다가올 때마다 오는 안식년

외국인의 출입이 거의 없는 현지인 지역에 들어가 사역을 하다보면 아무리 조심을 하고 비밀리에 사역을 한다해도 몇년이 지나면 사람들이 알게 된다.

우리 부부는 매주 금요일에 어느 지역에 가서 사역을 하게 되었는데 3년이 지났을 때 차를 주차하는 곳에서 "너희는 매주 금요일마다 여기 오지?" 하는 것이었다. 이미 우리의 동선과 스케줄을 현지인들이 다 알고 있었다. 그런 일이 있고 난 6개월 후, 종교경찰에서 우리에 대해 뒷조사를 하고 우리를 찾으려 한다는 것을 현지인 목회자가 귀띔을 해줘서 우리는 그곳의 사역을 중단할 수 밖에 없게 되었다. 결국 다른 사역자에게 인수인계 하였다. 그리고 두 달 후에 안식년으로 한국으로 오게되어 우리의 흔적을 자연스럽게 지울 수 있었다.

사막에 농장을 세우다

2016년 안식년을 앞둔 일년 전, 안식년을 보낸 다음 해야할 사역을 생각하면서 개종자 정착을 위한 농장의 필요성을 느끼게 되었다. 그리고 이에 필요한 농장부지를 놓고 기도하게 되었다. 부동산 신문광고를 보던 중 적절하다 생각되는 지역을 찾게 되었다. 막 개발되고 있는 지역이었는데, 땅 주인을 만나 보았다. 사막이어서 가격도 저렴하고, 교통이 조금 멀긴 하지만 수도권에서 한시간 거리라서 적당한 위치라는 생각이 들었다. 그러나 교회건축 말고는 대형 프로젝트를 위한 모금을 해본 적이 없어서 기도하며 하나님의 은총을 간구하였다. 매입 결심을 굳히고 땅주인을 만나고 가격을 알아보았다. 그

후, 안식년으로 한국에 와서 미래 사역을 나눌 때, 하나님께서 상황을 열어 주시고 사람들의 마음을 움직여 주어서 땅값 후원금이 준비되었다.

안식년을 마치고 다시 선교지에 돌아와 땅을 매입하려 하였다. 그런데 같이 갔던 현지인도 나도 일년 전 만난 땅주인의 연락처를 다 분실하였다. 땅주인과 연결할 수 없는 상황이 된 것이다. 난감하게 되었다. 개발이 안된 사막 땅은 아무런 표식도 없는 곳이어서 땅을 찾아간다고 해서 땅주인을 연결하거나 만날 수 있는 것이 아니다. 하나님의 인도하심을 기도하면서 땅 보았던 곳 근처에 갔다. 사람들에게 땅 파는것 있냐고 물어보았으나, 땅을 파는 사람들이 한두명도 아니고 연락처를 아는 데가 없다고 했다. 그냥 포기하고 돌아가기 앞서, 이왕 왔으니 사막 깊숙히 좀더 들어가보자고 하는 마음이 생겼다. 좀더 들어갔더니 마침 일하는 일꾼들이 있었다. 땅주인을 아느냐 물어보니 전화번호를 5개 정도 알려주었다. 어렵게 얻은 전화번호 주인에게 일일이 다 전화했는데, 대부분 전화를 안받다가 마침 연결되는 한 번호가 있었다. 그렇게 통화 연결된 사람이 왔는데, 그 사람이 바로 일년 전 안식년 가기 전에 땅가격을 흥정했던 그 땅주인이었던 것이다. 그는 일년 전 만났던 일을 기억하며 "왜 이제 왔느냐?"고 반갑게 인사하였다. 흥정을 하고 일년 전 가격에서 조금 올린 가격으로 땅을 구입하게 되었다.

사막 땅이라 해도 길가와 가까와야 하며 용수를 쉽게 구할 수 있어야 했다. 농업의 특성상 낮은 지대에 있어야 하고, 무엇보다도 개종자 안전문제가 우선인 사업이라 다른 사람 눈에 잘 안띄고 쉽게 오갈 수 있어야 했다. 그리고 지역 내에 유사시 몸을 숨을 수 있는 움푹 파인 계곡도 있으면 더 좋겠다고 생각하며 기도하고 있었다. 처음에는 180,700평방미터 규격의 땅을 팔겠다고 하여 실사를 했는데, 입지 선택권이 없는 우리에게는 땅 모양이 마음에 들지 않아 실망감이 컸다. 더우기 도로가 우리 땅을 지나간다 알려지자, 땅주인은 그 땅을 줄 수 없다고 하고 대안으로 제시한 땅이 300,400평방미터 크기의 땅이었다. 오히려 크기도 더 크고, 우리 맘에 꼭 드는 땅 모양을 구할 수 있게 되었다.

땅 지형에는 움푹 파인 계곡도 있고 토질도 그냥 모래사막 땅이 아닌 표층 아래 진흙층이 두꺼웠다. 우리가 원하는 좋은 땅을 하나님께서 이미 예비해 놓으신 것이다. 우리가 대규모 토목공사를 하여 계곡을 만들면 이웃들이 의심을 했을 것이다. 그런데 근처 도로 공사를 한다며 흙을 퍼가는 바람에, 우리가 원하던 계곡이 만들어져 있어 우리는 활용하기만 하면 되었다. 인근 땅과 경계 문제로 시간을 끌긴 했지만, 결국 우리는 낡았지만 물 저장고도 있고 트랙터로 땅갈이도 해놓은 부분까지 우리땅 경계로 확정되었다. 비교적 쉽게 적은 액수로도 흡족할 수준의 농장을 열고 첫 출발을 할수 있게 된 것이다.

거기다가 하나님께서는 우리가 후원모금의 어려운 형편을 아시고, 현지 환율을 거의 두배에 가깝게 급상승하게 만들어 주셨다. 한국에서 모금한 땅

값보다 조금 넘는 액수로 땅도 구입하고, 변호사 비용, 등록비용, 우리가 직접 물저장고를 만드는 등 농장 초기 토목공사를 다 할수 있도록 하셨다.

예수의 이름의 능력

어느 시골지역에서 가정전도 방문을 하는 가운데, 한 여인이 머리카락을 짧게 깎아 머리카락이 쥐뜯어 먹은 것처럼 듬성듬성 없는 모습으로 나타나 기도 받기를 원했다. 그 여인은 밤낮없이 귀신에게 시달리고 있었는데, 자기의 머리카락을 뽑아대며 괴로워하였다. 그러다보니 머리모양이 흉스럽게 되었다고 자기 소개를 하였다. 선교사 초기 시절이었고, 귀신 축사의 경험이 없던 나는, 속으로 "믿음도 없고 자신도 없지만 주여 믿습니다" 라고 외치면서 잘 못하는 아랍어로 기도하다가 한국말로 기도하는 등 갈팡질팡하였지만 진심으로 여인을 위하여 기도하였다. 그 여인 이후로도 많은 다른 사람들을 위해 기도하였기에 그 머리카락 뽑힌 여인을 위해 기도한 것 조차 잊고 있었는데, 다음 주에 다시 가니 그 여인이 귀신이 나갔다고 감사하며 간증을 하였다. 그 순간 내 안에 놀라움이 솟으며, '결국 하나님이 하시는구나 인간이라는 미약한 도구를 통해 성령님이 역사 하시는구나' 고백하게 되는 새삼 하나님의 놀라운 능력을 깨닫게 되는 체험이었다.

시체귀신 들린자를 자유케 하다

한번은 '20층 빌딩 밑에 깔려 있는 시체의 귀신'이라는 귀신을 평생 안고 살아야하는 것이 운명으로 알고 살던 한 여인을 만났다. 귀신이 들어오면, 엄청난 힘이 발동을 하여 집안 가구를 들어 던지고 하니 남자들도 쉽게 제어하기 힘들어 하였다. 옆에서 고생을 하던 남편은 '아내의 귀신을 쫓아내주면 예수를 믿겠다'는 회교권 상황에서는 굉장히 위험한 약속까지 할 정도로 절박한 상황이었다. 여인은 우리와 함께 기도하고 성경공부를 하였다. 여인은 마음 속에 말씀을 받아들이고, 믿음을 갖게 되었다. 믿음을 갖게되고 말씀 공부하면서 예수님을 구주로 믿게 되었다. 예수님의 이름으로 두번 기도하였는데 귀신이 나갔다. 그 후 말씀을 통해 믿음이 더욱 성장하였다. 그런데 어느날 갑자기 다시 예수를 부인하는 것이었다. 다시 귀신이 들어왔는지 여자의 눈은 또 풀려있었다. 남편은 다시 당장 이 자리에서 기도해 달라고 요청하였다. 그래서 몇가지 물어보니 현지인으로 신접한 자를 찾아가 도움을 요청한 일이 있었다고 실토하였다. 그것이 바로 귀신이 다시 들어온 빌미를 준 것이라고 말하며 다시는 그러지 말라고 경고하고 기도하였다. 예수의 이름을 들으며 크게 괴로워하다가 귀신이 나갔다. 그 뒤로 일년 정도 지나 잊을만 하였을 때, 어떤 일로 신접한 자를 다시 찾아 가려고 망설이다가, 가기 전에 우리한테 상의를 하는 것이었다. 우리는 펄쩍 뛰며 '절대로 다시는 가면 안된다며 일년 전에 일어났던 일을 기억하라'고 강권하였고, 그 뒤로 그 여인은 또 다시 신접한 자를 찾지 않게 되었다.

심지어는 성경을 거의 깨닫지 못하는 사람에게도 치유역사가 일어났다. 현지인 남자 청년들 가운데, 육체로는 건강해도 악몽에 시달리며 잠을 잘 못 자는 사람들이 의외로 많다. 또 마약으로 몸이 쇠약해진 젊은이들도 많이 발견할 수 있다. 한번은 그런 고통을 호소하는 청년이 찾아왔다. 매일 잠들기 전에 성경을 읽으라고 권면하였다. 요한복음의 페이지를 접어주며, 여기서 부터 여기까지 읽으라고 지정해주기도 하였다. 다음 주에 만나 얼굴을 보니, 무척 기쁜 표정을 하고 있었다. 그리고 "정말 네 말대로 했더니 악몽없이 지난 주간 잠을 잘 수가 있었다"고 간증하였다. 너무 기뻤다. 그에게 읽은 말씀의 내용을 물어보니, 이해하기 힘들었으나 그냥 시키는대로 읽고 잤다고 하였다. 사실 회교사상에 물든 그들이 말씀을 제대로 이해하기는 어렵다. 그러나 말씀을 읽은 것만으로도 악몽으로부터 자유롭게 되어 단잠을 자게 된 것이다. 그 청년의 사례 외에도 여러 남자 청년들 사이에서 말씀을 이해하지 못하여도 말씀을 읽는 것만으로도 많은 병들과 약함에서 자유케 되었다는 고백을 여러 차례 들을 수 있었다.

성령의 역사가 일어나는 전도의 현장

무슬림 선교현장은 많은 제약조건을 가지고 있다. 그래서 이 제약조건을 극복하기 위한 무슬림 전도현장에 대한 많은 이론과 권장 사항과 금기사항들을 기록하고 있는 선교이론 서적들을 많이 볼 수 있다. 그러나 성령께서 역사하시는 현장에는 이론의 제약들을 뛰어넘는 일들이 많다. 무슬림권 복음 전도 현장 간증을 통해 보면 지금까지의 선교이론과는 다른 부분들을 적잖이 발견할 수 있다. 1) 열린공간에서 대중에게 전도하기, 2) 처음 만난 어린아이와 여성들 앞에서 남성 사역자가 전도하기, 3) 가족 전체를 전도대상자로 하기 등의 일들은 이슬람선교 이론을 뛰어넘어 사실이 되고 있었다. 성령님께서 강권하시고 인도하시기에 이런 일이 일어난다. 무슬림권 선교현장은 각 나라와 지역마다 그때 그때 상황에 의해 많이 달라진다. 그러기에 늘 성령님께 겸손과 온유와 사랑 가운데 인도하심을 구해야 한다.

장거리 열차 삼등칸에서 전도

E국인들은 손님 접대를 중시하고 말하기 좋아하는 민족성을 가진 사람들이다. 열두시간을 기차를 타고 가는 여행을 하는 동안, 옆에 앉은 동행자와 많은 이야기를 나눌 수 있는 기회가 있었다. 처음에는 일반 여행자들의 대화처럼 "너 어디 사람이냐 어디서 태어났느냐 E국에서 살아보니 어떻느냐" 이렇

게 대화가 시작된다. 그러다가 자연스럽게 신에 대한 주제로 이야기가 전개되어진다. 무슬림들은 종교성을 드러냄에 있어 두번째라면 서러운 사람들이기에 종교이야기를 나누다 보면 옆에 앉았던 다른 사람과도 이야기 나누게 된다. 열차여행을 하면서 어느 청년과 대화할 기회가 있었다. 청년은 무슬림들이 종교율법을 지키는 여러가지 행위에 대하여 길게 나열했다. 그런 율법을 지키는 행위에 대한 이야기를 듣던 중, "그 율법이 내면의 인격의 변화를 가져오는가" 라는 주제로 이야기 방향을 돌려 대화를 나눴다. "너의 친구들 중에 이슬람 율법을 잘 지키는 친구가 좋은 친구인가?"라고 물어보았을 때, 그는 '꼭 그렇지는 않다'고 말하였다. 어떤 친구는 종교율법을 열심히 지키면서도 위선적이고 가식적인 행동을 해 친구들이 싫어한다고 답하였다.

우리가 진지하게 대화를 이어가는 가운데, 어느새 주변 사람들이 자기들의 대화를 중지하고 조용히 우리의 대화를 듣기 시작하고 있는 것을 발견했다. 기독교에 대한 내용을 이야기해도 주변 여러 사람들이 이 대화의 흐름을 계속 듣고 있으면서도 아무도 반박하지 않고 이야기를 듣고 있었다. 나중에는 권총을 가진 사복경찰까지 조용히 뒤에 와서 이야기를 듣고 있는 것이었다. 그래도 복음의 내용을 멈추지 않고 전하였다. 무슬림에서 가르치는 신의 하나 됨에서 마냥 머물고 있어서는 안된다고 말했다. 인간들은 구원행동을 통해 드러난 신의 인격을 왜 알아야 하는지를 이야기했다. 그 자리에서 예수의 십자가와 부활 성령의 오심 등을 이야기했다. 그 자리가 전도하는 장소가 되었고, 열차에 있던 시간은 전도하는 시간이 되었다. 이야기를 끝내자 "그런 이야기를 어떻게 하면 더 알수 있을까?"라고 질문하는 사람이 있었고, 나는 그에게 당당하게 성경을 사서 읽어보라고 권하였다. 그리고 전화번호를 받았다.

모든 이론을 파하시는 하나님

보통 무슬림 전도현장에서는 일대일 동성우정 전도를 원칙이라 말한다. 우정전도를 하려면 친구관계를 만들기 위한 준비기간들이 필요하고, 무슬림 지역에서는 안전 문제로 인하여 일대 다수보다는 일대일전도가 훨씬 안전하게 복음을 전할 수 있다 생각하기에 누구나 선호한다. 그리고 남성은 남성에게 여성은 여성에게 복음을 전하는것이 일반적이다. 그러나 때에 따라서는 이런 일반적인 법칙들을 뛰어넘는 성령의 인도하심의 현장을 체험하기도 한다.

베두인 산골 마을로 전도 여행을 갔을 때의 일이다. 이곳은 마을 단위로 친척이나, 부족들이 모여사는 공동체였다. 마을끼리 결속력이 대단하다. 외지인은 마을 공동체의 허락하에서만 자신이 원하는 일을 할 수 있었다. 그래서 정부의 통제력도 경찰력도 미치지 못하기 때문에 마을사람들이 신변보호해준다면 자유롭게 복음전하는 일도 가능한 곳이기도 했다. 주로 베두인들이 많이 사는 곳은 S반도다. 특별히 손님이나 친구에게 호의를 베풀고 자기 집에 맞이하는 것을 큰 미덕으로 여기는 부족이다 보니, 여자 사역자들이 베두인 여자를 만나 집안에서 복음을 나눌 기회가 많다. 여자들은 주로 집을 중심으로 양치는 일이나 집안 일을 하기 때문이다. 반면 이집트 사람들은 자기 가족들 앞에서나 친구들 앞에서 복음에 대한 감정을 솔직하게 표현하기를 어려워한다. 그래서 복음에 대해 마음을 여는 이집트 사람들을 만나면 동네사람이나 친구들로부터 분리하여 그 사람들을 따로 한적한 곳으로 데려가 복음에 대해 개인적이고 집중적인 대화를 하게 된다. 그런데 남자 사역자가 현지인 소년 1명과 청년여자 3명을 이끌고 한가한 산 중턱에 올라가 복음을 전하게 되었다. 마치 산상수훈의 자리와 같은 사건이었다.

그때 나눈 이야기는 이슬람의 속죄관 즉 선행 '하사나트'로 죄를 씻을수 없다는 이야기부터 시작하여 하나님의 죄를 씻는 방법이 직접적인 대속의 방법이라는 내용이었다. 그때 사용했던 예화는 친구의 좋은 운동화를 훔친 소년의 이야기였다. 친구의 좋은 운동화를 부러워 하다가 훔치고 나서 마음이 아파서 운동화를 잃어버린 친구에게 매일 과자를 사주기도 하고 하루에 다섯번 기도를 하는 등 아무리 노력을 해도 신발을 돌려놓기 전에는 혹은 신발값을 치루기 전에는 결코 자유로울 수 없었다는 이야기다. 과연 하사나트(선행)를 하면 죄값의 근본적인 문제를 해결할수 있는가? 하는 질문이다. 그래서 인류의 죄값인 사망의 문제는 예수를 통해 죄값을 근본적으로 해결하는 하나님의 방법만이 유효하다고 전했을 때, 그곳에 있던 모두가 한꺼번에 그 사실을 인정하고 동의하였다. 그 이후로도 방문의 기회가 있을 때마다 복음으로 양육하였다. 지금은 폭탄테러 사고가 난 이후, S반도가 여행제한 지역이 되어 그 지역을 방문 할 수 없게 되었다.

일거 다득의 복음현장 : 예수영화, 성경낭송, 큐티책

일거양득이라는 한국 속담이 있지만, 성령이 역사하시는 현장은 하늘나라 부흥법칙인 삼십배 육십배 백배의 결실을 얻는다. 일거다득—擧多得의 사건이 있었다. 사역자가 무슬림 전도현장에 나아가 한 장소에서 동시에 4명을 복음사역하는 일이 있었다.

귀신에 사로잡혀 고생하던 한 엄마가 먼저 복음을 듣게 되어 영적인 자유와 영생의 소식을 알게 되었다. 그것을 말리려고 논쟁했던 아빠도 복음을 알게 되고 부부가 다 세례를 받게 되었다. 그리고 그것을 지켜보던 자녀들이 복음에 대해 관심을 갖고 (첫째 딸, 둘째 딸은 영접함) 믿음생활을 시작한 가정이 있다. 그 가정에 가서 자녀들에게 복음을 전하고 부모에게는 제자 양육을 한다. 또한 한 번 방문에 성령의 역사들이 동시에 일어나기도 한다. 어느 날 방문하였을 때의 사례다, 사역자는 아버지와 성경공부를 하고, 그의 아내는 엄마에게 기도하며 침술치료를 하면서 성경이야기를 하고 다른 방에서는 막내아들이 컴퓨터를 통해 예수 영화에 심취해 있고 또 다른 한방에서는 딸들 중 둘째가 성경낭송을 듣고 있고 거실에서는 장남이 성경 매일큐티 책을 읽고 있었다. 사역자는 거실에서 이방으로 저방으로 세곳을 다니며 읽은 내용을 점검하고 질문하고 격려했다. 이런 놀라운 일이 매번 일어나는 것은 아니다. 아무튼 선교사는 꾸준히 그들을 찾아갔다.

선교는 하나님께서 직접하신다는 믿음으로 오늘도 나는 도구로 쓰임받기 위해서 준비한다.

' 교회의 최고 과제는 세계의 복음화이다.'
' 수백만의 무수히 많은 사람들이
아직도 복음을 듣지 못하고 있다.'
' 당신이 이 땅에서 해야 할 한 가지 일이 있다.
그것은 영혼들을 건지는 일이다.'

-존 웨슬리

하나님은 나에게 '절대'라는 단어의 사용을 허락하지 않으셨다.
"이곳은 절대 내가 다시 오지 않을 것 같다", "다른 건 다 먹어도
이건 내가 절대 못 먹겠네"라는 말의 열매는 오히려 하나님의
주권과 선택이 나와는 다른 것이었음을 알려주셨다.

산을 넘는 자의
아름다운 발

네팔 | 유승재

유승재 선교사는 2003년 교단선교사로 파송받아 네팔
선교사로 부임, 6년 간 도티 수정영재학교 사역을 하고 지
금은 네팔 바나바훈련원과 목회자 훈련 사역을 감당하고
있다. 가족으로는 정희 선교사와 강현, 성현, 세현이 있다.

벌써 14년이 되었다는 사실이 믿겨지지 않는다. 네팔에는 지난 2003년에 왔으니 말이다. 처음 네팔에 왔을 때, 7~8년 된 선배 선교사님들을 보며 부러움이 많았다.

'정말 대단하다. 이곳 네팔에서 어떻게 그 오랜 시간을 보내셨을까?' 라는 생각을 참 많이 했다. 14년, 처음 보았던 그분들이 네팔에서 사역하신 시간보다 더 오랜 시간을 선교지에서 보내고 있지만 부러움은 여전하다.

아니 단 한번도, 14년이 되었으니 이만하면…… 시간만으로는 대단하다 혹 대견하다 라는 생각을 스스로에게 할 수가 없었다.

내가 5년을 네팔에 머물고 있을 때, 그 분들은 10년을 넘게 여전히 네팔에 계셨고, 그 때 뵈었던 선배님들은 이제 20년이 넘게 선교지에 머물고 계시기 때문이다.

나는 지금 선배 선교사님들의 시간에 비하면 턱없이 부족한 시간을 선교지에서 보내고 있기에 부끄러움이 앞선다. 지나온 길을 잠시 돌아보며 내가 바른 길을 가고 있는지, 가고자 하는 목적지로 제대로 가고 있는지 묻는 마음으로 쓰고 있다. 왜냐하면 선교지에서 지금까지 보낸 14년의 시간보다 여전히 보내야 할 시간이 많이 남아 있기 때문이다.

2년 전 '성쿠와서바'라는 네팔 동쪽의 산마을을 방문할 기회가 있었다. 현지 사역자와 함께 몇번을 가보기는 하였지만 내가 오토바이를 타고 홀로 가는 것은 처음이었다. 그렇기 때문에 길을 물어 물어 가야 했다. 10시간 넘게 오토바이를 타고 가다 보니 지치기도 하였고, 이쯤이면 거의 다 온 듯 싶어 마지막으로 길을 묻고, 다시금 길을 달렸다. 중간에 갈림길이 있었지만 포장된 도로가 직선으로 쭉 뻗어 있었기에, 의심치 않고 곧장 달려갔다. 그렇게 한 시간쯤을 갔을까…… 왠지 모를 불안함에 오토바이를 세우고 길가에서 담배를 피우는 현지인으로 보이는 아저씨에게 제가 가야할 마을이 얼마나 남았는지 물었다. 당연히 조금만 더 가면 된다는 대답을 기대했지만, 제가 들은 아저씨의 구수한 답변은 "다시 돌아가야 해" 였다. 아까의 그 갈림길에서, 설령 그 갈림길을 지나쳤다 했을지라도, 지난 한 시간동안 지나온 마을 가운데 어느 한 곳에서만 물었더라도 시간과 기름을 얼마나 더 절약할 수 있었을까? 돌이켜 보면 아쉬움이 너무 컸다.

14년 전, 2003년 3월 7일, 한국 김포공항을 떠나 태국을 거쳐 네팔 카트만두 공항에 도착한 그날, 네팔 선교부 게스트 하우스로도 사용되고 있던 선교부 대표선교사님의 집에 도착한 것이 오후 2시쯤이었다. 앞 마당과 뒷마당이 있는, 제법 모양새가 있어 보이는 2층집이었다. 게스트 하우스 겸용으로 사용되던 터라 방도 제법 많았는데, 그 중 2층의 방 2개가 나와 아내 그리고 갓 11개월이 된 아들을 위해 각각 준비되어 있었다. 어느 정도 짐도 풀고, 두근거리는 마음을 달래며 따뜻한 햇볕이 내려 쬐이는 잔디가 가득 깔린 뒷마당을 내려보며 이런 저런 생각을 하던 중이었다. 네팔 공항에서부터 곁에서 안내도 해주시고 짐정리를 도와주시던 선교사님이 지나가는 말투로 한마디 던지셨다. "일시귀국은 꿈이고 안식년은 전설이야" 이것은 마치 군대에 들어가 힘든 신병 훈련을 마치고 자대배치를 받던 그날, 선임병들이 해주던 말과 같았다. "휴가는 꿈이고, 제대는 전설이다." 덧붙여, "카트만두 공항을 15번은 나가야 한국에 한번 갈수 있을것이다." 라는 친절한 조언(?)도 해주었다. 그제서야 "아, 내가 지금 네팔에 왔구나" 라는 현실이 나를 깨웠다.

네팔에 입국한 이후 약 석달여 정도 살림을 새로 장만하고, 언어학교를 등록하는 등 정신없는 네팔 적응기를 해나갈 때 쯤, 대표선교사님 가정이 안식년으로 네팔을 떠난 후 저희 가정이 게스트 하우스를 운영하며 네팔을 오고가는 손님들을 섬기게 되었다. 그때만해도 카트만두에는 지금과 달리 손님들이 머물만 한 적당한 숙소가 부족했던 터라 우리 교단뿐만 아니라 타교단 혹 외국에서 사역차 방문하는 손님들이 제법 있었다. 그렇지만 우리 부부에게는 새로운 분들과의 만남이 썩 자연스럽지만은 않았다. 그도 그럴 것이 이제 갓 네팔에 선교사로 부임한 햇병아리 선교사에게, 네팔을 처음 오신 분들이 던지는 질문들 대부분이 저희가 대답하기에는 사뭇 곤란한 것들이 많았기 때문이다. 가령, 네팔에서 싸게 구할 수 있는 선물은 무엇이며, 어디에서 구할 수 있고, 그것들의 이름과 네팔말로 어떻게 구할 수 있는지 등등…… 이렇듯 병아리 선교사가 쉽게 대답할 수 없었던 질문들이 대부분이었기 때문이다.

그러나 간혹 저희가 자신있게 대답할 수 있는 질문도 있었다. "왜 네팔로 오셨나요?" 어머니의 뱃속에서부터, 나는 이미 사역자로의 길이 정해져서 태어났다. 어머니의 간증에 따르면, 나를 가지셨을때 "아들이면 목사, 딸이면 사모로 드리겠습니다."라고 서원 하신 후, 나를 낳으셨으니, 이미 저는 태어날 때부터 목사가 되어야 할 운명(?)이었던 것이다. 그렇지만 선교사, 그것도 네팔이라고 하는 아시아에서는 가장 가난하고, 세계에서 가장 가난한 나라 20위 안에 꼭 들어가며, 전체 인구의 85%이상이 힌두교도이며, 전 세계를 통틀어 힌두교가 국교인 유일한 나라 네팔, 에베레스트 라는 산을 모르는 사람은 없을찌언정 그 산이 네팔에 있다고 하면 산이 커서 "네 팔"이냐는 우스개 소리를 들어야 했던 나라의 선교사로 어떻게 오게 되었을까?

나는 서울신학대학교 학창시절 대부분을 동남아 선교훈련팀이라고 하는 동아리 활동을 하며 보냈다. 그리고 첫 해외 여행도, 갓 문이 열린 러시아로 선교여행차 다녀오기도 하였다. 선교팀 동아리 활동을 하면서 태국을 비롯,

베트남, 인도네시아, 방글라데시 그리고 네팔로 짧게는 4일에서 길게는 2주일 정도의 시간으로 비전트립(vision trip)을 왔었다. 그중에서도 네팔은 두 번정도 방문할 기회가 있었는데 두 번 모두 카트만두 공항에서 비행기 트랩을 오르며 제 마음속에 들은 생각은 '네팔은 다시 올 곳이 아니다'라며 고개를 흔들고 떠난 곳이었다. 왜냐구요? 지저분한 거리와 수많은 사람들과 그 사이로 보이는 우상들의 모습 그리고 코를 찌르는 역겨운 향냄새와 신전에서 들리는 종소리가 카트만두 시내 곳곳을 가득 채웠기 때문이었다. 심지어 이들이 먹는 음식(달밧 떨까리 라는 네팔의 정식)은 도저히 맛있게 먹으려 하여도 먹을 수 없었기 때문이었다. 난방이 전혀 되지 않는 건물, 희미한 전등과 그나마 불안정안 전압으로 인해 모두 고장 난 버린 차가운 전기 장판에서 덜덜 떨며 지냈던 시간을 돌아보면 네팔은 나에게 아무런 감동을 주질 못했기 때문이었다. 그런데 이런 나의 생각과는 다르게 하나님의 계획은 진행되고 있었다. 선교사 훈련이 한창이던 2002년 여름이었다. 나는 네팔에서 걸려온 한통의 전화를 받았다. 두번의 네팔 방문을 통해 알고 있었던, 네팔에서 1993년 부터 사역해온 선배 선교사님이기에 기쁜 마음으로 인사를 먼저 나눴다. 통화 끝무렵, 선교사님은 나에게 훈련을 마친 후 어느 나라로 갈 것인지에 대해 물었다. 이미 마음에 정한 바가 있다고 대답을 드렸더니, "혹, 바뀌게 되면 네팔도 생각해봐"라는 말씀을 마지막으로 전화가 끝이 났다. 물론 나는 "절대 그런 일은 없을 것이다"라고 생각하고 있었다. 그런데, 선교사 훈련을 마친 후 한국의 성도님들에게 작별한 후, 아내와 아들의 손을 잡고 비행기에서 내린 공항은 네팔의 카트만두 공항이었다.

그 후 14년이라는 시간이 지난 지금, 예전에는 그토록 먹기 힘들었던 네팔 정식 '달밧 떨까리'는 내가 가장 좋아하고 즐기는, 행여 한국에 잠시 방문할라치면 가장 많이 그리워지는 음식이 되었다. 하나님은 나에게 '절대'라는 단어의 사용을 허락하지 않으셨다. "이곳은 절대 내가 다시 오지 않을 것 같다" 라든지, "다른 건 다 먹겠지만 이건 내가 절대 못 먹겠네"라고 생각하며 되뇌었던 말의 열매는 오히려 하나님의 주권과 선택이 나와는 다른 것이었음을 알려주었다. 디모데후서 2장 4절 말씀, '병사로 복무하는 자는 자기 생활에 얽매이는 자가 하나도 없나니 이는 병사로 모집한 자를 기쁘게 하려 함이라' 그대로였다. 그랬다. 하나님은 당신의 계획 가운데, 나를 네팔로 배치 하기를 원하셨고 내 뜻과 생각이 어떠했든 간에 하나님은 나를 네팔로 '자대배치' 하도록 명령하셨다. 한가지 감사한 것은, 나에게 하나님의 뜻을 보여 주셨을때 즉시 순종할 수 있는 믿음을 주신 것이었다. 그래서 저는 지금 네팔에 선교사로 있게 되었다.

네팔에 정착한 후, 바로 언어훈련을 시작하였다. 우리 교단 선교 정책은 선교지 부임 후 2년 동안은 언어훈련을 하도록 규정하고 있다. 참 좋은 정책이다. 타교단의 선교사들을 보니, 오자마자 얼마 되지 않은 시간임에도 불구하고 무언가 사역을 해야 하는 부담감에 쫓기고 있는 것을 보는 경우가 많다.
돌이켜보면 온전하게 2년의 시간을 언어를 준비할 수 있다는 것이 얼마나
큰 복이지 모르겠다. 그런데 나는 네팔에 부임한 후 1년 3개월만에, 도티수
정영재학교의 교장선생님으로 사역을 시작하게 되었다. 도티는 네팔 극서부
세띠 도의 한 군으로, 카트만두에서 가노라면 장장 이틀길을 가야 한다.
우리 교단과 도티의 인연은 20년이 넘는다. 1990년대, 대부분의 네팔 선교
사역이 수도인 카트만두를 중심으로 이루어지고 있을 때, 삼부토건이라는
한국의 회사 주도로 네팔 서부지역의 더델두라-실거리 구간을 잇는 약 70
킬로미터의 도로가 개통되었다. 그리고 도로 건설 노동자들이 사용하던 의
무실에서 설사약이며 두통약을 얻어 쓰던 주민들이 삼부토건을 통해 병원
을 세워달라고 요청하였다. 그렇게 우리 교단과 연결되어 수정병원이 건립되
고, 병원이 세워지자 학교 설립도 요청, 1995년도에 수정영재학교도 개교를
하게 되었다. 그리고 나는 2004년 7월부로, 수정영재학교의 책임사역자이자
30대 초반의 젊고 싱싱한 교장으로 부임하게 되었다. 물론 나의 본질은 선교
사였다. 더구나 2004년도는 네팔정부와 네팔 공산당간의 내전이 한창이었
던 때였다. 그렇기 때문에 900킬로미터 가까운 거리를 에어컨도 없는 버스
에서, 그것도 안전을 보장 받을 수 없는 길을 오고 가며 사역하기란 쉬운 일
이 아니었다. 도티로 부임한 그 해 가을, 카트만두에서 이삿짐을 싣고 도티
로 가던 중, 공산당과 정부군 사이에 벌어진 전투로 인해 정글 한 가운데 트

력을 세워놓고 꼬박 이틀 밤을 새며 기다려야 했던 적도 있었다. 공산당들이 총을 들고 길을 지키는 곳을 지날 땐 세금 아닌 세금을 내야 했던 적도 있다.

　도티, 한번 가면 다시 나오기 싫고, 한번 카트만두로 나오면 다시 들어가기 싫을 만큼 먼 곳이다. 오지 중의 오지라 불리우고 가을이면 곰을 만나 온몸이 피투성이가 되어 병원을 찾아오는 사람들이 많은 곳. 학교와 병원이 자리 잡고 있던 라즈뿔이라고 하는 동네와 더불어 디파얄, 그리고 실거리라는 세 개의 큰 동네를 중심으로 사방 2000미터 가까운 산자락에는 크고 작은 마을들이 자리 잡는 마을이다. 당시 이 마을 사람들 대부분은 예수님 이름을 듣지도 못한 사람들이었다. 게다가 인구의 70%이상이 카스트 계급 가운데 바훈과 체뜨리 등 1,2계급이었던지라 네팔의 다른 지역보다 더 강한 힌두교의 영향아래 있었다. 자기보다 계급이 낮은 사람들은 마을로 들어오는 것조차 허락하지 않았다, 행여 마을로 들어와도 물한모금 얻어먹기 힘든 경우가 대부분이었다. 그럼에도 불구하고, 그 지역의 거의 유일한 사립학교이자 매년 치뤄지는 SLC라는 일종의 학력고사에서 빠지지 않고 군내 최고 득점자를 배출하는 학교의 교장인 내가 한국 교회의 목사님과 성도들과 함께 마을에 오는 것은 크게 반대하지 않았다. 오히려 학교와 함께 자리잡은 수정병원의 원장으로 수고하시던 김안식 선교사님과 동행이라도 하면, 반대는 커

녕 오히려 어떤 도움을 얻을 수 있을까 하는 기대감을 가지고 우리를 맞이 하였다.

그것을 기회로, 매 주마다 한번씩 교회 청년들과 함께 마을에서 아이들에게 찬양과 율동을 가르쳤다. 그리고 보통 예배의 마지막에는 아픈 사람을 위해 기도하였다, 지금까지 기억에 남는 것은, 그렇게 산마을에서 옹기종기 모여 아픈 사람을 위하여 기도하면 평소 보이지도 않았던 사람들이 어디서 그렇게 많이 나오던지, 도티에 사는 모두가 다 환자이며 아픈사람들만 있는 것 같았다. 그들을 위해 모두가 힘을 모아 예수님의 이름으로 병낫기를 선포하며 기도할 때 하나님은 우리의 기도에 응답하셨다. 하루는 오랫동안 귀신에 들려 있었던 '껄레나'라는 마을의 '써루' 아주머니를 그의 시어머니가 데리고 교회로 찾아왔다. 병원에 가서 약을 먹어도, 힌두 제사장을 불러 제사를 하고 닭이며 염소 등 없는 형편에 정성껏 제물을 바쳐도 도무지 나을 기미가 보이지 않게 되자, 교회에 데리고 온 것이다. 마을에 크리스천들이 들어와 예배도 드리고 하나님의 말씀도 전하고 그리고 아픈 사람을 위하여 기도도 해 주는데, 기도를 받았던 많은 사람들이 나았다는 이야기를 듣고 교회로 찾아온 것이다. 예배가 끝나고, 예수님의 이름으로 선포하며 기도하였다. 모두가 한마음으로 '써루' 아주머니를 위해 간절히 기도했다. 어떻게 되었을까? '껄레나'라는 마을은 동네 사람 대부분이 힌두교 카스트의 2계급의 사람들이 사는 마을이었다. 가난해도, 배운 것이 없어도 높은 계급이라는 자존심으로 가득 차있던 사람들이었다. 당연히 이방 종교인 기독교를 받아들이지도, 믿지도 않았고 그 마을에 찾아오는 것 역시 반기지 않았다. 이 아주머니가 나음으로 말미암아 그 마을에서도 매주마다 아이들과 함께 모여 찬양하고 예배하게 되었다. 뿐만 아니라 이 일은 주변마을에도 큰 영향을 주어 많은 사람들이 교회와 기독교에 대하여 다시금 생각하게 되는 계기가 되었다. 이 사건은 도티수정영재학교의 교장으로 머무는 동안, 선교사로서 선교지에서 어떻게 살아가야 할지를 깨닫게 된 잊을 수 없는 사건이었다.

2005년의 어느 봄날에, 네팔 공산당 중 몇 사람이 학교로 찾아와 그들의 활동에 대한 지원금을 낼 것을 학교 측에 요구하였다. 당연히 학교 입장에서는 재정적으로도 충분치 않았을 뿐만 아니라 반군에게 지원하여야 할 아무런 근거도 없었기에 거절하였다. 그런데 며칠 후 학교로 한장의 편지가 왔다. 마오이스트에게서 온 편지에는 그들의 요구를 거절하였기 때문에 학교의 책임자인 나를 그들의 캠프로 부른다는 내용이었다. 오지 않을 경우 나 자신은 물론 학교와 학생들의 안전을 보장할 수 없다는 일종의 협박 편지였다. 편지를 받고 오랜시간 고민하였다. 그들의 요구대로 하여도 안전이 전혀 보장되지 않았다. 그렇다고 피하자니 나로 인해 학교나 학생들이 겪을 찌 모를 어려움이 염려되었다. 내가 단순히 학교의 교장이었다면 그 자리를 피했을 것이다. 그러나 교장 이전에 선교사였기에 그들의 캠프로 가기로 결정하였고, 네팔인 교감 역시 기꺼이 저와 동행하여 주기로 하였다. 반군 캠프로 가기로 한 D-Day를 한주 앞으로 다가온 금요일 오후, 학교에서 학부모 교사 연석회의가 있었고, 그 자리에서 협박 편지에 대해 모두가 알게 되었다. 이 사실을 안 학부모들이 한 목소리로 나와 가족에게 도티를 떠나 피할 것을 강권하였다. 모든 책임은 자신들이 지겠노라고, 학교나 학생들에게 아무런 일도 일어나지 않을 것이라고 하면서 말이다. 일주일에 한번 들어오던 비행기는 예약하지 않는 한, 늘 만석이 되어 급하게 표를 구할 수 없었다. 다행히 미리 좌석을 구했던 어느 네팔 사람들이 자신들의 좌석을 양보해 줌으로, 나와 가족 그리고 그 때 4살이 되었던 아들과 함께 카트만두로 피할 수 있게 되었다. 물론, 감사하게도 학교나 학생들 누구도 마오이스트의 협박처럼 피해를 보지도 않았다. 이 사건을 통해 선교사로서 내가 있어야 할 자리가 어디인지 그리고 그곳에 있을 때에 하나님께서 어떻게 인도하시는 지를 경험하게 되었다. 도티에서 머무는 동안, 나는 학교사역 뿐만 아니라 네팔성결교회 목회자들과 교회들을 섬길 기회도 종종 있었다. 도티에서 버스로 4시간 정도 떨어진 남쪽 인도 국경 가까이에 위치한 '덩거디' 라는 도시를 중심으로 약 30여개의 네팔성결교회 소속 교회들이 산재해 있다. 네팔에서도 타지역에 비해 유난히 낙후되어 있던 서쪽 지역인지라 대부분의 교회와 목사님들 역시 형편이 넉넉하지 못하다. 그렇지만 간간히 함께 모여 나누는 말씀과 교제를 통해 서로에게 힘과 격려가 되었다. '바이블 야뜨라—성경여행'이라는 주제로 성경통독을 함께 하기도 하였다. 각자의 교회를 방문하며 함께 중보기도하는 시간을 가지기도 했다. 그런데, 목회자들과 함께 교제를 나누고 알아가고 그리고 기도하는 시간이 이어질 수록 나의 마음 속에는 한가지 강한 물음이 일어나기 시작했다. "왜 네팔 목사님들은 한결같이 움츠러져 있는가?" 대부분의 목사님들이 계급도 낮고, 경제적으로도 넉넉치 않았기 때문에 많이 눌려 있다고 생각했다. 하나님의 사역자로, 종으로 당당하게 세상을 다스리며 살아야 하는데 오히려 세상의 권세에, 영향에 눌려 있는 듯 보였다. 그때가 내가 첫 안식년을 마치고 네팔로 돌아왔을 때였고, 도티에서의 생활한지 6년 즈음이 되어가던 때였다. 수정영재학교에서의 교장생활은 네팔에 대해 네팔 속에서 네팔 사람들을 바라 볼 수 있는 자리였다. 목회현장에서 매일의 시간을 자신과 성도들과 그리고 이웃들과 싸우며 살아가는 네팔 목사님들의 모습을 짚어보다가 나는 사역의 방향에 대하여 다시금 점검하게 되었다. 비록 가난하고, 약하고, 작아 보여도 그들은 목사이며 하나님의 일꾼이기에 세상을 향해 당당하게 맞설 수 있는 목사여야 한다고 생각하였다. 더불어 현장에서 사역하는 목사님들이 목회에서 승리할 수 있도록 도울 수 있는 일이 무엇일까? 라는 고민이 찾아오기 시작했다. 마침 수정영재학교의 사역도 이제는 네팔 사람들의 손에 운영권을 넘겨 주어야 할 시간이 다가오고 있었기에 사역의 전환에 대한 결단이 필요한 시점이었다. 어느날, 하나님께서 말씀을 주셨다. '내가 너로 큰 민족을 이루고 네게 복을 주어 네

이름을 창대하게 하리니 너는 복이 될지라' 창세기 12장 2절에서 하나님께서 아브람에게 하신 말씀이었다. 그리고 이 말씀은 곧 네팔 목사님들에게 전해주어야 할 말씀으로 내게 다가왔다

나는 선교사가 현지에서 할 수 있는 여러가지 일들을 현지인들과 더불어 '동역' 하기로 하였다. 복음전파가 자유롭게 허락되지 않는 법이 있는 나라에서-특히 외국인에 의한- 그리고 자기들의 손으로 세워지는 교회가 있는 나라에서, 현지인이 현지인에게 복음을 전하며 교회가 성장하여 가는 나라에서 굳이 외국인이 교회를 개척하기보다 현지 목회자가 목회를 잘 할 수 있도록 돕는 것이 그리고 교회와 교회의 성도들이 건강하게 하나님의 말씀을 잘 알아갈 수 있도록 돕는 것이 내가 할 수 있는 '동역'의 범주라 생각한다. 6년의 도티생활을 마치고, 나와 가족은 카트만두에 정착하였다. 그동안 하나님이 우리 가정에 아들과 딸을 더해 주셔서 2남 1녀의 부모가 되었다. 그리고 네팔성결교회 목회자들과 함께하는 '동역'의 사역을 시작하였다. 네팔 성결교회에는 카트만두, 다딩, 중부, 동부, 서부등 모두 5개 지방회가 있다. 처음에는 5개의 각 지방회를 순회하며 지방회의 목사님들을 모아 함께 성경 통독을 시작했다. 목사이지만, 목사임에도 불구하고 글읽은 것이 수월치 않아서 혹 매일의 힘든 노동-주로 농사를 짓는다-으로 인하여 성경을 한번이라도 통독하지 못한 분들이 제법 많았다. 성경 각 권에 대하여 개략적인 내용

을 설명하고, 모세오경을 시작으로 네팔어 성경 통독 오디오를 틀어놓고 귀로 들으며 눈으로 읽어가며 성경통독의 기쁨을 함께 나누었다. 네팔 중부지방인 '치트완'에서 있었던 성경통독 훈련에 참여한 목사님들은 전기가 나가 불이 들어오지 않자 희미한 촛불을 켜놓고, 기어이 그날의 분량을 읽어냈다. 그리고 함께 감사를 드렸다.

또한 한국 바나바 훈련원 과정을 네팔 목사님들에게 나누기 시작하였다. 바나바 훈련은 하나님의 말씀대로 살아가는 것을 연습하는 훈련이다. 내 비전, 내 뜻이 아닌 하나님의 비전과 뜻을 쫓아 사역하는 훈련이었다. 더불어 하나님을 마음으로 기도하고, 중보하는 것을 훈련하며 하나님의 세계비전에 동참하는 훈련이다. 2015년과 2016년, 네팔 바나바 훈련이 제 2기까지 이어지는 동안에 네팔 각지에서 오신 목사님들은 하나님께서 각 사람을 복의 근원으로 삼으셨다는 말씀에 많은 도전을 받았다고 고백하였다. 그들은 예수님을 믿게 되어 지금껏 자신들은 많은 복을 받았지만 여전히 받아야 할 복이 더 있다고 생각하고 있었다고 하였다. 그러나 하나님께서 우리 각 사람을 복의 근원으로 삼아 불러주시고, 우리를 통해 가족과 친척과 이웃이 복을 받아야 한다는 사실을 훈련을 통해 깨닫게 되면서 다시금 자신들을 돌아보게 되었다고 고백하였다. 그리고 네팔에서도 오지라 불리우는 '무구'지역과 '무스탕' 지역으로의 비전여행을 통해 자신들의 목회현장에서 얻었던 상처와 낙심되었던 마음이 회복되어지는 경험을 하였다. 수료를 하고, 자신들의 사역의 현장으로 돌아가는 네팔 목회자들의 모습에서 다시금 힘을 얻고 나가는 것을 발견하였다. 자신들의 가족과 마을을 위해 중보하며 복음을 받는 입장에서 이제는 복음을 들고 나아가는 자로 살아가야 함을 깨닫는 것을 보았다. 더구나 지금까지 네팔은 선교사들이 들어와 전해준 복음을 받는 입장에서 이제는 하나님께서 자신들과 네팔교회를 세계 선교의 도구로 사용하실 수 있음을 기대하고 나가는 목회자들의 모습 속에서 네팔을 향한 하나님의 비전을 발견할 수 있었다.

네팔은 120개가 넘는 다양한 인종이 함께 어우러져 있는 나라다. 그 가운데에는 우리와 같은 몽골계통 인종도, 그리고 중동이나 인도 사람들과 같은 아리안 계통의 인종들도 있다. 더불어 이슬람이 주를 이루는 중동지역과 말레이시아 지역에 근로자로 나가 있는 네팔 사람들의 숫자는 100만 명이 넘는다. 즉 어느 곳에 가던지 그들과 비슷한 외모와 문화로 어울릴 수 있으며 또한 이슬람권에 나가 있는 크리스천 노동자들을 통해서도 충분히 선교의 기반을 닦을 수 있는 이들이 바로 네팔 사람들인 것이다. 지금 당장은 실현되지 않을 일이라 할지라도, 이러한 '동역'의 사역을 통해 네팔 목회자들이 다시금 목회에 힘을 내고, 선교에 대한 하나님의 비전을 품어가는 것을 보니, 그것이 내게 얼마나 큰 감사의 제목인지 모르겠다. 네팔성결교회와 그리고 목회자들과의 동역은 나에게도 큰 도전이 되었다. 도티에 머무를 때, 나의 사역의 반경은 도티와 네팔 서쪽지역에 머물러 있었지만, 이후 네팔의 동쪽에서 서쪽에 이르기까지 지경이 넓어졌다. 아주 간단한 원리이었다. 예수님께서 우리를 위해 이 땅에 오신 것처럼 사는 것이었다. 나도 네팔 사람들 가운데서 사역하기 위해서는 그들이 있는 곳으로 가는 것이었다. 내가 그들 가운데서 복의 근원으로 산다면, 네팔 목회자들도 역시 자신들의 현장에서 복의 근원으로 살아야 한다는 것을 나누는 것이었다. 선교지로 나올 때, 다짐한 것이 있었다. 처음 5년은 열심히 선교를 배우고, 그 다음 5년은 배운 대로 열심히 사역하고, 그리고 그 다음 5년은 배우고 행한 사역의 열매들을 맺어 보자라는 것이었다. 돌아보면, 네팔에 와서 처음 도티에서의 보낸 시간들을 통해 많은 것을 배울 수 있었던 것 같다. 그것은 책이나, 어떤 가르침보다 네팔 사람들 속에서 배운 것이 더 크고 많았다. 지금 도티에서 그리고 목회자 훈련 사역으로 알게된 네팔 교회와 목회자들이 네팔 전역에서제게 주어진 사역을 나누어 감당하고 있다. 네팔 성결교회 목회자들을 위한 훈련 사역과 더불어, 네팔 바나바 훈련을 통해 네팔교회와 목회자들이 건강한 교회와 사역자로 성장하여 가는 것, 그것이 바로 내가 기도로 맺어야 할 열매일 것이다. 나는 이 땅에서 네팔사람이길 원하지만 결국은 이방인으로 살아갈 것이다. 선교사는 선교지를 떠나는 때가 언제일런지 알지 못한다. 그러나 그때가 되어 선교사가 떠나도 사랑하는 네팔 교회와 목회자들은 틀림없이 네팔의 모든 민족을 향한 복의 근원으로 서 있을 것이라 믿는다. 이를 위해서 여전히 감당해야 할 많은 일들이 많이 남아있다. 네팔 목회자들과 더불어 성경을 나누고 가르치며, 제자훈련과 지도자 훈련을 진행하고 바나바 훈련을 통해 하나님의 비전을 쫓아가도록 인도하는 일들이다. 아직 홀로 감당할 수 있지 못하기에 이를 위하여 함께 기도하며 동역하여 주시는 모든 교회와 동역자님들에게 끝까지 동행하여 주시길 부탁드린다. 그리고 진심으로 감사를 드립니다. 그리고 하나님의 때에, 하나님께서는 당신이 기뻐하실 열매를 당신의 사람들을 통해 거두 실 것을 믿는다.

여러분! 사랑하고 축복합니다. 저이머시. (네팔어로, '승리하신 메시야'라는 뜻입니다.)

'나는 이제 하나님을 위해서
나 자신을 불태워 버리겠다.'
' 나로 하여금 하나님을 위해
불타 없어지게 하소서'

- 헨리 마틴

선교는 독주회가 아니라 오케스트라 연주와 같다.
선교사 혼자 독불장군처럼 무엇을 할 수 있는 것이
아니라 보내는 선교사와 가는 선교사가 함께 만들어 내는
아름다운 하모니의 천상 연주다.

백야의 나라에서 꿈을 꾸다

러시아 | 우태복

우태복 선교사는 1992년 교단 파송선교사로 러시아에
처음 파송되어 러시아 성결신학대학을 중심으로 현지인
지도자 양성사역 그리고 러시아 성결교단 설립을 통한 교
단 중심의 사역을 감당해 왔다. 현재 러시아 성결신학대
학 학장 및 선교부 대표를 맡고 있으며 가족으로는 아내인
이경희 선교사와 하영, 성경이 있다.

'선교는 그분의 부르심으로부터 시작한다. 그것을 우리는 소명이라고 한다.'

사도행전 13장 2절에 보면 '내가 보내 시킬 그 일을 위해 바나바와 바울을 따로 세워 보내라'고 하신 말씀을 볼 때 '선교라는 것은 자신의 의지보다 그분의 부르심이 먼저'이며 그곳에 가서도 '내가 하고 싶은 일이 아닌 그 분이 시킬 그 일'을 하는 것임을 알 수 있다. 그럼으로 선교는 소명으로 부터 시작된다고 할 수 있다. 만약 우리가 선교에 대하여 그 분으로부터 분명한 음성을 듣고 보내심을 받았다면 현장이 아무리 어렵고 힘들어도 그 분이 다시 돌아가라고 명령하지 않는 한 결코 포기하고 뒤돌아서는 안될 것이다. 또한 선교사가 스스로 생각하기에 열매가 적고 투자에 비하여 비생산적인 일 같아 보일 때에도, 소명이 분명한 사람은 그분이 내게 시킨 일이라 믿기에 인내하며 앞으로 나아갈 것이다.

그러나 우리가 만약 사명이 없다면, 사역이 조금만 힘들어도 현장을 떠날까 하는 생각에 마음이 흔들리고 사역 자체도 사명이 아니라 편하고 효율적인 것들을 기준으로 두고 언제든 열매가 없으면 돌아설 수가 있다고 생각할 것이다. 그러므로 소명과 야망은 겉으로 보기에는 별 차이가 없어 보이지만 실제로는 하늘과 땅 만큼이나 차이가 있다.

내 인생에서 러시아 선교는 처음부터 내가 생각해서 계획했던 일이 아니었다. 어려서부터 교회를 다니며 교회 안에서 자랐지만 대학에 들어갈 때까지 선교에 관한 것은 스스로 생각해보지 않았다. 그러다가 대학시절 이데올로기에 빠져 거리에서 데모를 일삼던 나는 대학의 한 선교단체를 통해 성경공부를 하게 되었고, 그때 그 단체를 통해 복음의 깊이와 넓이가 어떠한지 깊게 경험하게 되었다. 그리고 나서 내 인생에 내가 목숨을 걸어야 하는 것은 이데올로기가 아닌 바로 이 복음이라는 것을 확신하게 되었고, 그때부터 이데오르기에 빠져 참된 인생의 목적도 모른 채 살아가는 공산권 선교에 대한 관심을 갖는 계기가 되었다. 공산주의 국가들 중에서 나는 공산주의 종주국인 소련(러시아)에 대해 특별히 더 깊은 관심을 갖게 되었다.

처음에는 그저 그런 막연한 관심과 호기심이었지만 나중에는 그 땅에 어서 복음의 문이 열리길 간절히 기도하게 되었다. 그날도 캠퍼스 한 구석에 않아 그 땅을 생각하며, '주여 어서 그곳에서 복음의 문이 활짝 열려 자유롭게 주님을 섬기고 예배할 수 있는 날이 오길 바랍니다'라고 기도하고 있었다.

그리고 '누군가 그 땅에 복음을 전해 줄 사람들을 보내 주셔서 그들에게 복음을 들을 기회를 주시도록 도우소서' 라고 기도하였다. 바로 그때 기도하는 나에게 하나님은 다른 사람이 아닌 바로 내가 그 일을 하길 원하시고 그 땅에 가길 원하심을 말씀하셨다. 그리고 그때 나는 선교사가 무엇이고 어떤 일이 기다리고 있는 줄도 모른 채 "주께서 원하시면 나를 그 땅을 위해 사용해 달라"고 응답하여 헌신했다. 마치 이사야가 '주여 내가 여기 있사오니 나를 보내소서!' 라고 고백했듯이 말이다. 그리고 그 날의 그 기도는 내 인생을 통째로 바꾸어 놓았다.

종종 러시아 사람들이 내게 묻길 "선교사님은 왜 하필이면 그 많은 나라들 중에 러시아로 오시게 되었습니까?" 라고 묻는 경우가 있다 그때마다 난 이렇게 대답한다. "하나님이 가라고 했기 때문입니다. 만약 하나님이 저를 아프리카로 가라고 했다면 저는 그곳으로 갔을 겁니다. 그리고 저를 아시아 변방의 이름 없는 한 동네로 가라고 했다면 저는 그곳으로 갔을 겁니다. 그러나 하나님은 저를 이곳으로 가라고 해서 제가 순종했을 뿐입니다!".

선교는 부르심에 대한 순종의 결과이기 때문입니다.

기다림의 깊이가 사랑의 깊이 입니다.

선교사로 부름 받은 사람들은 정말 다른 사람들보다 무엇인가 특별한 것이 있어서 선택된 것일까? 가끔 사람들은 선교사의 공통적인 기질을 가르켜 개척정신이 강하고 어떤 난관을 당해도 뚫고 나갈 수 있는 강인한 정신력을 가진 사람들 일 거라고 생각한다. 그러나 성경에서 바울은 고백하길 '나를 충성되이 여겨 내게 직분을 맡겼다'고 고백하고 있다. 바울의 표현은 분명 '충성스럽기 때문'에 그를 선택하여 직분을 맡긴 것이 아니라 '충성되게 여겨' 주신 은혜라고 말하고 있다. 그래서 바울은 '맡은자에게 구할 것은 충성' 밖에 없다고 감격하여 고백했는지 모른다. 우리를 그저 충성스럽게 여겨 주신 그 은혜 말이다. 그래서 나는 한없이 부족하고 연약해도 그 기대에 부흥하도록 엎드리고 기도하며 그 분의 능력을 의지하고 나가길 원했다.

부르심에 헌신만 하면 모든 것이 다 그저 하나님이 알아서 이루어 주시는 줄 알았다. 그러나 부르심에 순종한 후 내가 선교지에 첫 발을 딛기까지 10년의 긴 세월을 기다리고 준비해야 했다. 마치 바울이 안디옥교회에서 사역을 시작하기 전 14년이라는 긴 세월을 준비하고 기다렸던 것처럼 말이다. 그리고 10년이 지난 후 드디어 감격스럽게 꿈에 그리던 그 땅을 밟을 수가 있었다. 이제 막 세달 된 첫 아이와 여행용 가방 두 개를 들고 아내와 함께 10시간에 걸쳐서 모스크바 국제공항인 세레메체보 제 2공항에 도착하자 10년

전 이곳을 향해 부르시고 준비케 하신 시간들이 주마등처럼 스쳐 지나갔다. 그때 내 입에서 나온 첫 마디가 "주님 10시간이면 올수 있는 곳을 저는 10년 걸렸습니다!" 였다.

그때 하나님은 그런 내 마음속에 이렇게 대답해 주셨다. "넌 10년 기다렸니? 난 74년을 기다렸다. 이 땅이 날 거절하고 무신론의 나라가 되고 수많은 내 자녀들이 내 이름 때문에 핍박을 받고 죽어가는 것을 보며 난 오늘을 위해 74년을 기다렸다" 그때 나는 그 주님의 음성을 듣는 순간 내 눈에서 주체 할 수 없는 눈물이 흘러 내렸다. 내가 기다린 그 10년의 세월과 주님이 기다린 그 긴 74년의 세월이 무게를 어떻게 감히 비교할 수 있단 말인가! 그리고 그토록 오랜 세월동안 기다리며 첫 문을 여신 그 곳에 나 같은 보잘 것 없는 자를 충성스럽게 여겨 내게 그 귀한 사역을 맡겼다고 생각하니 그 은혜에 목이 메어왔다. 나는 주체 없이 흘러내리는 눈물을 손등으로 닦아 내며 그 때 주님께 이렇게 고백했다. "주님 감사합니다. 나를 충성스럽게 여겨 내게 직분을 맡겨 주셨으니 내가 죽도록 충성하겠습니다. 실망시켜 드리지 않겠습니다!" 라고 말이다.

세월이 지나 생각해 보니 기다림의 깊이가 바로 사랑의 깊이가 아니었을까 하는 생각이 든다.

지난 74년 동안 하나님이 침묵하고 계셨던 것을, 사람들은 하나님께서 쉬고 있었다고 생각하거나 그들을 도울 능력이 없거나 그들에 대한 관심이 없다고 생각 했을지 모른다. 그러나 하나님은 그 땅을 다시 복음으로 변화시키기 위해 공산주의 74년동안 러시아뿐 아니라 주변의 15개 나라까지 가장 빠른 시간에 복음을 전할 수 있도록 언어를 통일시켜 놓았으며 도로를 구석구석까지 연결하여 놓았고 로마가 닦아 놓은 길을 통해 복음이 전 세계에 빠르게 전달된 것 같이 러시아 및 주변 나라에 복음이 빠르게 전달될 수 있는 길을 준비하였다. 그리고 무엇보다 수많은 종족으로 구성된 러시아 사람들의 마음에서 모든 종교를 비워내 진공상태가 되게 하셔서 그곳에 복음을 전할 수 있도록 일하고 계셨다. 그리고 드디어 모든 것이 다 준비된 바로 그때, 주님은 그 땅을 활짝 열어 놓으신 것이다. 그날이 바로 1991년 10월이다. 그리고 바로 그 땅 그 첫 시간에 나를 첫 선교사로 부르신 것이다 .그러니 내가 어찌 감격하지 않을 수 있나?

부르심은 같지만 사명은 다를 수 있습니다.

성경은 우리가 씨를 뿌리면 하나님께서 반드시 기쁨으로 단을 거두게 하실 거라 약속하셨다. 그러나 우리가 지나치기 쉬운 것은, 그 약속을 눈으로 볼 때까지 씨를 뿌리러 나가는 자는 울어야 할 일, 눈물 흘려야 할 일이 많다는 것이다. 그래서 많은 선교사들이 선교지에 나가며 울어야 할 일, 눈물 흘릴 일들을 생각하지 않고 정녕 기쁨으로 단을 거둘 것만 기대하고 나간다. 그래서 좌절도 크고 낙심도 크게 다가오는 것이다.

부르심은 하나님 앞에서 동일하지만 사명은 다를 수 있다. 어떤 사람은 개척선교사로 부르시고 어떤 사람은 그들이 개척해 놓은 것들을 관리하고 자라도록 돕기도 하고, 어떤 사람들은 그것을 거두는 것이 사명이 될 수 있다. '그런즉 한 사람이 심고 한 사람이 거둔다 하는 말이 옳도다. 내가 너희로 노력치 아니한 것을 거두러 보내었나니 다른 사람들은 노력하였고 너희는 그들이 노력한 것에 참여하느니라'_ 요한복음 4:37~38 말씀처럼 말이다.

러시아 개방화와 더불어 시작된 우리들의 러시아 선교는 말 그대로 개척선교사의 사명이었다. 74년동안, 적어도 두 세대 이상을 복음을 전혀 모른 채 태어나고 자라난 사람들에게 복음을 전파하고 교회를 세우고 그들 중 헌신된 자들을 위해 신학교를 설립하여 일꾼을 훈련하고 그들을 통해 교단을 설립해 나가는 이 모든 일들이 바로 우리에게 주어졌기 때문이었다. 그러나 우리가 감당할 개척선교사로서의 사명을 감당하기 위해 우리 앞에 얼마나 많은 눈물과 울어야 할 일이 기다리고 있는지 생각조차 하지 못했다.

통조림의 비애

러시아에 도착한 첫날, 공항에 도착하여 안내해 준 선교사님은 우리를 어딘지도 모르는 아파트에 내려놓고 가버렸다. 집 냉장고엔 아무 것도 먹을 것을 찾을 수가 없었고 밤이 되어 자려는데 덮을 이불조차 준비되어 있지 않았다. 하는 수 없이 가지고 온 옷 중 두꺼운 겨울옷을 꺼내 세달 된 아이를 덮어주고 아내와 함께 첫 가정 예배를 드리며 그렇게 첫 밤을 보냈다. 그리고 그 다음날 아침 해가 중천에 떠올라도 연락이 없는 그 선교사님을 마냥 기다릴 수가 없어 아내와 함께 아이가 잠든 사이 밖으로 나왔다. "어디로 가야 하나?". "가서 물건을 어떻게 사나?" "상점은 또 어디에 있나?" 수많은 생각이 들었지만 일단 부딪쳐 보자는 심정으로 집을 나섰다.

그러나 처음 목격한 러시아의 상황은 우리가 생각하던 것보다 훨씬 심각했다. 집 근처의 상점들은 텅텅 비어 있었고 사람들은 빵 하나 사려고 길에 길게 줄을 서 있었다. 전철 입구나 길에는 집에서 쓰던 물건들을 가지고 나와 팔려는 사람들로 긴 행렬을 이루고 있었다. 정치, 경제, 사회적으로도 혼란스러웠고 미국과 견주어 세계의 1/3을 움직이던 강대국 중의 강대국이 하루 아침에 3류 국가로 전락 한데서 오는 절망감과 무력감 그리고 내일의 불투명한 미래에 대한 불안이 그들의 눈빛에서 절절히 느껴졌다.

아내와 나는 러시아 사람들이 하는 대로 일단 길을 가다가 사람들이 줄을 서있으면 그들 뒤에 서서 기다기로 했다. 그러다 그 긴 줄이 끝나 그들이 선 곳이 우리가 필요로 하는 것이 아니면 돌아서면 되니까 말이다. 그러다가 몇 번 실패 끝에 찾아간 한 텅 빈 상점에서 상점 한 켠에 쌓여있는 통조림 캔을 발견했다. 왜 사람들이 이것을 발견하지 못했을까 의아해 하면서도 하나님이 우리를 불쌍히 여기사 준비해주신 것을 생각하고 속으로 쾌재를 부르며 그 중 몇 개를 사서 집으로 돌아왔다. 그러나 그것을 냄비에 붓고 끓이니 건더기는 하나도 없고 물이 되었다. 그래도 우리는 감사하며 그날 아침도 그 다음날도 연일 그 통조림을 반찬으로 해결했다.

3일째 되는 날 우리를 공항에서 집으로 안내해준 그 선교사님이 드디어 얼굴을 나타냈다. 서운하기도 하고 반갑기도 하여 문을 여니 그분도 멋쩍은지 "어떻게 살았나?" 하고 물어 본다. 그래서 나는 최대한 아무렇지도 않은 듯이 "러시아도 뭐 살만 하던데요!" 라고 대답했다. 그러자 그분이 날 보며 "상점에 먹을 물건들이 있던가요?" 되물었다. 그래서 내가 웃으며 "그럼요. 우리는 빵이 아니라 통조림을 주식으로 먹고 있습니다!" 라고 말했다. 그러자 그분이 고개를 갸우뚱거리며 "그런 것이 있을 리가 없는데요?" 라고 하자, 나는 의기양양해서 그분에게 우리가 이틀 내내 먹던 그 통조림을 가지고 나와 보여 주었다. 그 순간 그 선교사님이 그것을 들고 한참을 정신없이 웃어 대셨다. 그러면서 말하길 "이건 고양이용 통조림입니다. 아이고 이걸 한끼도 아니고 이틀 동안 드셨다구요?"

　'그러고 보니 어쩐지 사람들이 다른 것은 남김없이 가져가면서 이것은 왜 안가져 갔는지 조금은 이해가 되었다. 그리고 선교사님의 그 말을 듣자 갑자기 이틀 동안 먹은 것이 다 올라올 것만 같았다. 우리 속담에 '모르는 게 약이다'라는 말이 바로 이 때를 가르켜 말하는 아니던가?'

개척예배에 감추어진 비밀하나

첫 교회 개척이 시작되었다. 현수막에 개척예배라는 말이라도 써서 붙여야 되는데 먹을 것도 생필품도 구하기 어려운데 현수막 회사를 찾는다는 것이 결코 쉬운 일이 아니었다. 그래서 고민에 고민을 하다 화장실에 않아 있는 내 눈에 화장실 벽지가 눈에 들어왔다. 집 주인이 풀로 붙이지 않고 벽지 끝의 모퉁이마다 압정으로 고정시켜 놓은 것이 보였다. '그래 바로 이거야' 저 뒷면을 현수막으로 쓰고 나중에 다시 가져다 붙이면 되지, 순간 그 어려운 과제가 화장실에서 해결되었다. 첫 개척예배는 그렇게 화장실 벽지 덕에 개척예배라는 현수막을 통해 해결 할 수 있었다. 역시 하늘이 무너져도 솟아날 구멍은 있었다.

백야의 나라에서 꿈을 꾸다　115

지붕을 뜯어서라도

문제는 그 다음이었다. 복음도 들어보지 못했고 복음주의 교회라는 것도 생소한 러시아인들을 그것도 동양에서 온 선교사가 있는 교회에 나오게 하는 것은 쉽지 않은 일이었다. 그래도 중풍병 걸린 친구들의 믿음처럼 내 마음은 지붕을 뜯어서라도 예수님께 러시아 사람들을 인도하고 싶었다. 그래서 매일 같이 출·퇴근 시간에 정류장에서 서서 교회 안내와 전도지를 돌렸고, 출근 이후 시간에는 아파트 입구마다 다니며 우편물 사물함에 전도지를 집어 넣었다. 그리고 주일날은 방문한 사람들을 대상으로 예배 전에 초신자들을 위해 한 시간 동안 성경공부를 하고 예배를 드렸다. 그리고 예배 후에는 다시 아픈 사람들을 위해 안수하며 기도해 주었다. 그런데 그때 그 기도시간을 통해 축농증 환자, 심장병 환자 등 여러 환자들의 치유가 일어났다. 병 고침을 받은 그들이 나가서 간증을 하면서 교회는 지역 사회 속에서 점차 소문이 나기 시작했고 사람들도 교회로 찾아오기 시작했다.

주중에는 그룹별 성경공부와 구역 모임을 통해 신앙의 정도에 따라 양육을 하였고 교회 주변의 학교를 찾아다니며 복음 전할 기회를 찾았다. 여름이면 여름 성경학교와 청소년 캠프를 열고 청소년들에게 복음을 전하고, 겨울과 여름 두 차례 교회 안에 젊은이들을 모아 전도 팀을 구성하여 러시아 여러 지역에 복음을 전하기도 했다.

그리고 1993년부터는 교단의 목회자 양성을 목적으로 모스크바 성결신학대학(현 러시아 성결신학대학—초대학장 여 진현 목사)이 설립되어 교단 선교부 차원의 신학교 사역을 통해 빠른 시간 안에 러시아 성결교단을 창립하고 확장하는데 결정적인 계기가 되었다.

그때 내 마음속에는 중풍병 걸린 친구처럼 지붕을 뜯어서라도 그들을 예수님 앞으로 인도하고 싶었다. 그 열심의 동기는 그 어떤 사람이든 예수님을 만나면 치유되고 거듭나고 변화 될 수 있다는 바로 그 확신이었다. 그 결과 예수를 만난 수많은 사람들이 자기 들것을 스스로 들고 걸어 나가는 것을 목도 할 수 있는 은혜를 경험케 하셨다.

바람에 흔들리지 않고 피는 꽃은 없습니다.

그러나 바람에 흔들리지 않고 피는 꽃이 어디 있으랴 하는 시인의 말처럼 개척 선교를 감당하며 러시아의 영하의 추위 속에 복음을 전하다 한 쪽 청력을 상실하기도 했고, 집에 들어온 강도 사건의 트라우마로 인해 아내는 1년 반을 본국에서 통원 치료를 받아야 했다. 그뿐 아니라 사랑하는 친구와 제자를 먼저 주님 품에 보내야 하기도 했다. 그리고 3년 전 아내는 다시 위암으로 위 전체를 절제 하며 힘겨운 시간을 지금도 보내고 있다.

'그렇다 우리가 정령 기쁨으로 단을 거두기까지는 먼저 눈물 흘려야 할 일

울어야 할 일이 있어야 함을 이제는 알 수 있다.' 어느 시인의 말처럼 바람에 흔들리지 않고 피는 꽃은 없다는 말처럼 말이다. 그러나 선교사에게 고난은 마치 쟁기와 같아서 한편으론 절망과 좌절과 아픔을 갖다 주지만 한쪽으로는 하나님의 한없는 은혜와 사랑, 그리고 위로를 경험하는 축복을 가져다준다는 것을 깨닫게 되었다. .

기다리면 거둘 때가 있습니다.

주님의 전적인 은혜로 26년간 교회를 개척하여 복음을 전했다. 1992년부터 사역을 시작하고 교단의 선교 정책에 따라 그 이듬해인 1993년 교단의 교역자 양성을 위해 모스크바 성결신학대학을 설립하여 본격적으로 지도자 양성에 나서게 되었다. 그 결과 러시아 여러 지역에 성결교회가 개척되게 되었고 1995년에는 모스크바 외에 러시아 여러 지역에 개척된 28개의 성결교회를 묶어 러시아 성결교단을 창립하게 되었다.

교단 신학교인 모스크바 성결신학대학은 발전을 거듭하여 초기 1,2년제에서 4년제 대학으로 학교 법인과 교육성 학위 인정을 받았다. 2000년도에는 대학원 과정과 2007년 인턴시브 과정을 개설하며 모스크바 외에 지방도시 그리고 벨루시아 등에 분교를 두고 운영하게 되었다.

2016년 현재 러시아는 유럽의 끝인 쌍트뻬쩨르부그에서부터 모스크바 러시아 남부 도시인 바로네즈와 로스토프, 그리고 니즈니 노보고라드, 중부 지역인 예까쩨린부그와 노보시베리스크 그리고 극동인 블라디보스톡과 최동쪽인 사할린까지 러시아 전체를 연결하는 복음 벨트가 형성되어 있다. 그리고 이제는 선교지인 동시에 이스라엘과 주변 나라에 선교사를 역으로 파송하는 나라로 전환하고 있다

선교는 독주회가 아니라 오케스트라 연주회 입니다.

현지의 사역자들도 이제는 제자에서 선교사의 동역자로 함께 우뚝 서있다. 학교 건축을 앞에 두고 여러 교회들이 헌금에 동참하고 있다. 아내가 암으로 수술을 받을 때는 교회들이 연합하여 기도해주고 헌금을 모아 오기도 했다. 말 그대로 이제는 러시아 선교를 함께 세워가는 한 팀이요 동역자다.

특별히 오랜 숙원 사업이었던 신학교 건축을 위해 사랑하는 교회와 성도들의 후원에 힘입어 학교 부지를 마련하고 건축을 앞에 두고 있다. 학교 부지 매입과 건축을 앞에 두고 참으로 여러번 하나님께 감사드린다. 후원 이사회와 여러 동역자들과 성도들의 눈물겨운 헌신은 내 남은 생애를 주님께서 맡겨주긴 러시아 선교를 위해 아낌없이 던지도록 헌신하기에 충분했다. 3년을 돼지 저금통에 온 가족이 모아 드린 헌금, 임종의 마지막 자신의 남은 전 재

산이라며 전해달라고 하신 무명의 여자 전도사님, 자신의 장학금을 건축 헌금으로 선뜻 내 놓은 자매, 러시아 현지에서 드린 한국 형제들의 헌신과 중국에서 보내온 헌금, 현지 러시아 교인들이 모아준 헌금, 그리고 몇 차례씩 온 성도가 함께 건축 헌금을 모아 드린 귀한 후원교회들과 이사님들의 교회들, 사랑하는 동역자들의 마음이 모여 기적같이 대지를 마련하고 건축을 앞에 두고 있다.

만약 힘들다고 중간에 포기하고 돌아 섰다면, 이 은혜, 이 사랑, 이 기적을 어떻게 목도 할 수 있었을까?

그렇다 선교는 독주회가 아니라 오케스트라 연주와 같다. 선교사 혼자 독불장군처럼 무엇을 할 수 있는 것이 아니라 보내는 선교사와 가는 선교사가 함께 만들어 내는 아름다운 하모니의 천상 연주다. 그래서 더욱 감동이 있고 의미 있는 일이다.

뿌리는 자와 거두는 자가 다 함께 즐거워한다(요한복음 4: 36)는 말씀처럼 마지막 날에 그분 앞에 우리는 함께 한 팀으로 한 연주자로 함께 박수를 받고 상을 받고 축하를 받지 않을까? 우리 앞에서 기가 막히게 지휘봉을 흔들고 연주하고 계신 우리 예수님과 함께 말이다.

사탄은 하나님의 지혜를 결코 앞설 수 없습니다.

지난 26년간 러시아 선교에는 선교적 위기가 여러번 있었다. 그런 일을 당할 당시에는 그 모든 것이 다 끝날 것 같은 절망스런 상황이었지만 지나고 보니, '하나님은 역전의 명수' 라는 것을 거듭 경험하게 된 계기가 되었다. 그중에 러시아 선교를 시작하고 얼마 되지 않은 1997년도의 종교법 개정이 있었다. 그리고 2007년도의 비자법 개정과 마지막으로는 지난 7월 발효된 반테러법에 연계한 종교법 개정이 있었다. 그러고 보니 거의 10년을 주기로 러시아 선교상황에 큰 위기들이 있었던 것 같다.

그러나 하나님은 그런 선교적 위기들을 오히려 복음을 전하기 위해 앞으로 나아가는 디딤돌이 되게 해 주셨다. 97년도의 종교법을 통해 15년 이상된 교회들만 등록이 가능하도록 한 조항 때문에 현지 교회들과 협력의 방안을 모색하게 되었고, 교회 등록을 위해 일정한 숫자의 성도들을 확보해야 하다 보니 교회가 성장되고 교회들이 법적인 보호를 받게 되었다. 2007년 비자법을 통해서도 선교사들이 안정적인 사역을 위해 영주권 등 실질적인 거주대책을 갖추게 되었다.

따라서 이번 반테러 법으로 인한 종교법 개정도 법 자체만으로 보면 사실상 외국인 선교사가 직접적으로 사역하는데 큰 장애가 있는 것 같지만, 어느 정도 시간이 지나고 나면 러시아 선교에 장애가 아닌 도약과 성장의 기회가 되리라 믿는다. 지금 외국인 선교사들과 현지 교회들은 법 안에서 선교와 종교활동을 위한 실제적인 방안 등을 연구하고 찾고 있으며 법 안에서 가능한 방법들을 찾아내리라 믿는다. 단지 그때까지 우리는 현지법에 저촉되지 않도록 조심하며 법안에서 가능한 사역의 방향 등을 모색할 때이다.

분명한 것은 사탄은 하나님의 지혜를 결코 앞서갈 수 없다는 것이다. 예수님이 이 땅에 오자 사탄은 그를 십자가에 못 박아 죽였지만 주님은 그것을 죄인된 인간을 구원하는 은혜로 바꾸셨다. 예수 믿는 사람들이 모이지 못하도록 사탄은 그들을 핍박하고 흩어 놓았지만 그 흩어진 사람들을 통해 주님의 약속대로 복음은 예루살렘을 넘어 유다와 사마리아와 땅 끝으로 흘러가게 되었다. 사탄은 예수 믿는 사람들을 잡아 가두고 죽이도록 사울의 증오심을 불타게 했지만, 하나님은 그런 불타는 열정을 복음을 전하는데 사용하게 하셨다. 그러므로 지금 우리가 주의 복음을 전하며 당하는 일들이 절망스럽고 힘들다 해도 낙심하거나 포기하지 말자. 그분은 쓰레기 더미에서 장미꽃을 피울 수 있는 분, 길가에 버려진 돌들로도 능히 아브라함의 자손이 되게 하실 수 있는 분이 아니던가?

하나님의 숨은 병기 러시아!

지난 26년의 세월을 러시아에서 살아오며 경험하는 것은 러시아가 갖고 있는 선교적 잠재력과 영향력이 엄청나다는 것이다. 그래서 나는 러시아를 가르켜 마지막 세계 선교를 위한 하나님의 감추어진 비밀병기라고 생각하게 되었다. 그리고 그 비밀 병기가 언젠가는 엄청난 역할을 감당하게 되리라는 것을 생각하며 가슴이 설레이게 되었다. 바로 그런 선교적 사명 때문에 러시아를 1000년의 기독교 국가로 그리고 74년간의 공산주의 국가 속에서 신앙의 불같은 시험과 단련을 통해 준비해 오셨다고 생각한다. 그 이유는 다음과 같다. 첫째로 러시아는 먼저 지리적으로 볼 때, 아시아와 유럽에 걸쳐 전 세계 육지 면적의 1/6을 차지하고 있는 광대한 나라이다. 그리고 북한과 중국 뿐 아니라 중앙 아시아와 유럽까지 총 14개 나라와 국경이 맞닿아 있다. 그러므로 이런 지리적인 위치를 볼 때 러시아가 복음으로 변화 된다면, 아시아와 유럽 등 수 많은 주변나라들에 복음이 전해짐으로 세계 복음화에 놀라운 진전을 볼 수 있다. 또한 이런 지리적 여건은 현재 한국과 러시아간에 시베리아 횡단열차가 연결되어 완성 된다면, 아시아의 모든 물류가 한국을 통해 시베리아 그리고 유럽으로 향하고 유럽의 문화가 시베리아 횡단 열차를 통해 러시아와 한국 아시아에 빠르게 전해지듯 복음도 그렇게 동서로 연결되어 흘러 갈수 있을 것이다.

두 번째는 정치적인 중요성이다. 러시아는 과거 공산주의로 전 세계 1/3을 무신론으로 몰아넣었고 수많은 나라와 민족별 갈등과 전쟁을 통해 부정적인 영향을 준 나라이다. 그러나 이곳이 복음으로 변화된다면 러시아가 갖고 있는 강대국의 정치적인 영향력으로 볼 때 종교문화적 영향력도 지대할 것이다. 특별히 남북한이 대치된 상황에서 러시아는 현재에도 여전히 한국에게 정치적으로 중요한 나라 중 하나이며, 앞으로 한국의 통일에도 큰 영향을 줄 수 있는 나라이다. 그러므로 이 러시아가 복음화 된다면 이슬람권의 북진을 막고 세계 선교에 큰 역할을 감당할 수 있는 나라가 될 것이다.

세 번째는 경제적인 면의 중요성이다. 현재 한국과 러시아의 경제 수입과 수출은 규모면에서 계속 증가하고 있다. 러시아는 오일 달러의 영향으로 세계 경제규모 11위, 외환보유고 세계 4위로 올라섰다. 앞으로 2015년 안에 세계 5위를 목표로 달려가고 있다. 향후 경제 정책은 유럽중심이 아닌 동북아에 초점을 맞추고 있다. 한국도 가스 및 석유등의 자원을 위해서도 러시아와의 관계를 더욱 긴밀하게 해 나갈 수밖에 없다. 이런 경제력은 앞으로 러시아가 복음화 되면 가장 빠르게 세계 선교에 동참할 수 있는 가능성을 갖고 있음을 의미한다. 미국과 맞서는 세계 강대국 중에 하나이며, 경제까지 살아난 러시아가 복음으로 선교적 사명을 발견하여 헌신한다면 러시아는 세계 선교의 중요한 파트너로 우뚝 설수 있을 것이기 때문이다.

마지막으로 종교적인 다양성으로 본 선교 비전 때문이다. 러시아 안에는 150개의 종족들 중 유럽계, 아시아계 등이 존재하며 종교적으로도 모슬렘, 정교회, 불교, 샤모니즘 등 다양한 종교적 배경을 갖고 있다. 이들 각각 종족들마다 복음으로 변화되어 선교를 위해 헌신한다면, 주변나라에서 그들과 비슷한 종교권과 지역중심에 선교사를 파송함으로 효과적인 선교가 가능하다. 예를 들어 모슬렘 종교적 배경을 갖고 있는 러시아 내의 종족은 모슬렘권 선교사로, 불교 종교권에 머물고 있는 민족은 동남 아시아와 서남 아시아의 불교권으로 그리고 유럽계통에는 슬라브 민족인 러시아 종족들을 선교사로 내 보낸다면 큰 선교적 효과를 가져 올 수 있는 장점이 있다. 또한 러시아의 다민족성은 타 문화 선교에 아주 적합하며 공산주의 74년 동안 핍박과 고난을 경험한 그들의 값진 신앙적 경험들은 세계 어느 나라를 가던지 인내하며 순교적 신앙으로 복음을 전할 수 있는 가능성을 갖고 있다. 이런 지리적인 면과 정치, 경제적인 면 그리고 종교적인 면을 고려할 때 러시아가 복음화 된다면 선교지에서 선교하는 나라로의 전환이 가장 빠르고 그 영향력도 크기 때문에 어쩌면 세계 선교를 위한 마지막 하나님의 감추어진 비밀병기가 될 수 있다 본다. 이것이 바로 우리가 이 땅을 향하여 끈질기게 두드리고 복음을 전하고 선교하는 이유이기도 하다. 비밀 병기가 세상에 드러날 그날을 고대하며 ……

일본에서 가장 높은 곳에 올라가 이 땅의 부흥을 위해
기도를 하면 언제나 눈물의 기도가 나온다.
누가 일본을 사랑한다고 하기만 하면
금방 눈물이 나오곤 한다.

합력하여 선을 이루시는 하나님

일본 | 소기호

소기호 선교사는 1992년부터 동경에 있는 두 개의 일본
인교회와의 협력을 시작으로 교회개척사역과 한일협력
선교사역, 특히 일본 홀리네스교단과의 협력사역을 진행
해 오고 있다. 가족으로는 정민임 선교사와 리베카, 대희
가 있다.

1992년 2월에 서울신대를 졸업하고 그 해 9월부터 일본으로 와서 일본선교를 시작했으니까 따지고 보면 벌써 26년이 되었다. 교단 선교사로는 1997년부터 사역하고 있으니 이도 벌써 21년째를 맞이하게 되었다. 고린도전서 15장 10절에서 "나의 나 된 것은 하나님의 은혜로 된 것이라"고 고백하는 바울의 심정을 이제는 조금 알듯 하다. 하지만 한편으로는 '아직도 멀었다' 라는 생각을 떨쳐버릴 수가 없다. 어찌되었든 하나님의 은혜로 한결같이 일본선교를 진행해 올 수 있었음을 감사드리며 모든 영광을 하나님께 드린다.

직업군인 생활을 잘 하고 있던 나를 갑자기 제대하게 하시고 인도하신 곳은 서울신학대학교 기독교교육과였다. 서른이 다 되어서 소명의 길을 걸어가게 되었지만 하나님께서는 서울신학대학교 재학 시절부터 나에게 일본선교의 사명을 허락하여 주셨다. 일본을 생각하면 눈물과 기도가 나왔다. 그 때부터 시작해서 30년이 지난 지금도 변함이 없는 것을 보면서 '천상 나는 일본선교를 해야할 몸이구나' 라는 생각이 든다.

1992년 2월에 신학교를 졸업하고 교단 전도사 시취를 받은 후 그 해 9월에 나보다 먼저 일본선교의 사명을 받고 준비하고 있었던 아내와 함께 일본 선교를 시작하게 되었다. 당시에는 우리 교단이 아직 일본에 선교사를 파송할 계획이 없었던 때였지만, 우리 부부는 주신 사명을 따라서 일본으로 향했다.

우리들이 처음으로 인도함을 받은 곳은 동경에 있는 일본인 독립교회인 '성천·성애그리스도교회'였다. 나는 이 교회의 전담전도사로서 초청을 받고 3년 비자를 받아서 일본으로 오게 되었다. 당시에는 선교사 비자가 6개월이나 1년 비자를 받고 있던 시절이었기 때문에, 우리가 3년 비자를 받았다고 하자 먼저 와 계신 선교사님들이 의아해 하는 표정을 지으셨던 것을 아직도 기억하고 있다. 하나님께서는 우리가 비자를 받고 일본 선교를 감당할 수 있도록 사역지를 예비해 주셨다. 할렐루야!

하나님의 인도하심 가운데 나는 1994년 4월에 동경성서학원 M. Div(본과)를 들어가게 되었다. 아내인 정민임선교사가 동경성서학원 입학 권유를 하였을 때 처음에 반대 입장을 가지고 있었다. 이유는 첫째는 후원교회 및 후원자가 없었기 때문에 재정이 없었고, 둘째는 일본에 선교를 하러 왔지 공부하러 오지는 않았다고 생각했기 때문이었다. 그러나 아내의 한 마디 말에 한 달을 기도하고 입학을 결심하게 되었다. "일본어가 안되는데 어떻게 일본

선교를 할 수 있느냐? 동경성서학원에 입학하는 것은 단지 일본어를 배우는 것만이 아니라 일본 목사님들을 알고 일본교회를 앎으로 일본선교를 준비하는 기간이다." 또 하나는 "경제적인 걱정은 하지 말라. 경제적인 것은 어떻게 하든 마련할 테니까 당신은 공부만 해라. 당신이 끝나면 나도 공부할 것이다." 이러한 아내의 격려에 힘입어 동경성서학원에 입학을 하였다. 동경성서학원에서 공부한 것은 하나님의 인도하심이었다는 것을 나중이 되어서야 알게 되었다.

1996년 3월 동경성서학원을 졸업하고 그 해 4월부터 사역지를 일본 홀리네스교단 소속 '조후그리스도교회'로 옮기게 되었다. 조후교회는 교회개척을 계속 기도해 오고 있었는데 일본의 상황이 헌신자가 부족한 관계로 개척을 못하고 있다가 우리 가정을 통해 개척사역을 구체적으로 진행하게 되었다. 엄밀히 말하자면 우리들이 조후교회에 간 것은 교회를 개척하는 목사로 가게 된 것이다. 나도 동경성서학원을 졸업하면 일본인을 위한 교회를 개척하려고 기도하고 있었는데, 하나님께서 조후교회로 인도해 주신 것이다.

2년 동안 교회 개척을 위한 준비를 하고 1998년 4월에 정식으로 교회 창립을 하게 되었는데 개척과 동시에 일본홀리네스교단의 개척지정교회까지 되어서 교단으로부터 1300만엔의 개척지정교회 지원금을 받게 되었다. 전체 8000만엔 예산에 2800만엔의 빚을 안고 개척된 교회였지만 10년이 지나기 전에 빚을 다 갚고 지금은 빚이 없는 교회가 되었다. 개척 초기 한국교회의 도움도 컸다. 당시에 한국 교회의 도움을 받아 장의자, 강대상, 피아노 등을 헌품 받아서 한국으로부터 배편으로 가지고 왔다.

시편 133편에서 "형제가 연합하여 동거함이 어찌 그리 선하고 아름다운고" 하는 말씀처럼 일본인과 한국인이 합력하여 주님의 교회를 개척하니 내가 보기에도 너무도 아름답게 보이기만 하였다. 교회에 오셨던 분중에 얼른 후원을 모금하여 빚을 빨리 갚으라고 조언해 주시는 분도 계셨지만 아무래도 교인들이 헌금하고 빚을 갚아야 주인의식도 생길 것 같아 성도들의 힘으로 빚을 갚도록 지도하였다. 시간은 걸렸지만 모든 것이 아름답게 마무리 된 것 같다. 하나님께서 하시는 일은 그저 놀라울 따름이다.

2009년 4월부터는 일본홀리네스교단으로부터 요청을 받고, 우리가 개척한 히노타카하타교회와 후츄그리스도교회를 겸목하게 되었다. 당시 일본은 헌신자 부족으로 인하여 목회자가 상당히 부족한 상황에 있었다. 내가 돌보지 않으면 교회가 폐쇄될 형편이었다. 후츄교회는 교회 건물은 있지만 신자가 한 명도 없는 그런 교회였다. 교회를 정리정돈 하고 재개척사역을 시작하게 되었다. 어떤 일본 목사님이 말씀하시기를 이는 제로에서 시작하는 개척이 아니라 마이너스에서 시작하는 개척이라고 하였다. 이유는 지금까지의 교회에 대한 주위 사람들의 평판이 안좋기 때문에 그것이 재개척 사역에 방해가 되기 때문이었다. 하지만 교회가 안정되어 한 때 열명이 넘는 예배를 드린적도 있었으나 지금은 평균 5~7명이 예배를 드리고 있다. 폐쇄할 뻔한 교회에서 매주 예배를 드리고 있다는 것과 매주 기도회가 드려지고 전도활동이 계속되어지고 있다는 것이 얼마나 감사하고 귀한 일인지 모른다. 하나님의 은혜에 감사할 따름이다.

교단의 정식 일본선교사로서 우리들이 기본적으로 하는 사역은 개인전도와 교회 개척을 통해서 한 영혼을 하나님 앞으로 인도하는 일이다. 그와 동시에 우리들이 하고 있는 사역 가운데 큰 사역중 하나는 한일 선교 협력사역이다. 하나님의 은혜 가운데 2007년 10월에 기독교대한성결교회와 일본 홀리네스교단이 선교협정을 체결하였다. 이는 양교단의 선교협력이 구체적으로 진행될 수 있는 발판을 마련할 의미있는 사건이었다. 각 교단의 한국인 선교사들이 일본에 있는 교회와 한국의 교회를 연결시키는 것은 많이 보아왔어도 교단과 교단의 차원에서 정식으로 선교협정이 맺어졌다는 소리는 들어보지 못하였다. 이러한 하나님의 역사가 부족한 우리 부부를 통해서 이루어짐을 하나님께 감사드린다.

이 선교협정에 따라서 현재 우리 교단의 선교사 두 가정이 들어와서 일본홀리네스교단과 함께 협력사역을 감당하고 있다. 하나님께서는 이 사역을 더욱 더 확장하시고 선교협정서의 교단 명칭만 바꿔서 2013년 12월에는 예수교대한성결교회와 2014년 11월에는 대만성결교회와 선교협정을 맺게 하셨다. 이미 대만으로 부터는 싱글 선교사 한 명이 일본에 와서 협력사역을 감당하고 있다. 우리 부부를 통해서 시작된 한일 양교단의 선교협력이 구체적인 형태로 확장되고 있음을 감사드린다. 할렐루야!

　우리 부부가 1992년에 일본으로 선교를 떠나고자 할 때 많은 사람들이 만류하였다. 교단에서도 아직 일본으로 선교사를 파송할 계획이 없었다. 그러나 거기에는 몇 가지 이유가 있었다. 첫째는 일본에는 이미 성결교회가 있고 성결교단의 신학교도 있다는 것이었다. 성결교단의 선교사는 성결의 복음을 전하는 것을 사명으로 하는데 성결교회는 일본에서 시작이 되었고 이미 성결의 복음을 전하는 교회가 일본에는 많이 있다는 것이었다. 둘째는 일본은 선교비가 많이 든다는 것이었다. 일본에 한 가정을 보내는 선교비로 다른 나라에는 2~3가정을 보낼 수 있다. 지금은 그렇지 않지만 그 당시에는 일본의 동경이 세계에서 물가가 가장 비싼 곳이었기 때문에 그렇게 말씀하신 것 같다. 마지막으로 일본은 선교를 해도 열매를 많이 맺을 수 없다는 것이었다. 러시아에서는 빵 한 개로 한 명의 영혼이 구원을 받을 수 있는데 일본은 선교를 해도 한 영혼이 구원 받기가 쉽지 않다는 이유였다. 그래서 일본에는 선교사를 파송할 필요가 없다는 것이었다. 그 때 나는 일본에는 예수의 복음이 없어서 영적으로 죽어가는 영혼이 일본 인구의 99%가 있다고 하는 말씀을 드리고 나왔던 것을 기억하고 있다.

그런데 4년 반이 채 지나기 전에 기적이 일어났다. 1996년 10월 말 일본에서 아태연맹회의가 개최되었다. 그 때 총회장님 이하 총회 어른들께서 우리들의 사역을 보시고 우리를 교단 선교사로 영입하기로 결정하셨다. 우리 부부는 11월 둘째 주에 급히 한국에 와서 선교사 시험을 보게 되었다. 그 다음 해 2월 말에 진행하고 있었던 개척준비사역을 잠시 접어두고 4명의 우리 가족은 한국으로 와서 가락동 선교훈련원에서 5개월 간의 전반기 선교훈련을 받고 1997년 6월 29일에 해외선교위원회 소속 일본 선교사로 정식 파송을 받게 되었다. 할렐루야!

교회 개척을 준비하고 있는 중이라 여러가지로 어려움이 많았지만 일단 접어두고 선교 훈련을 받을 수 있었던 것은 하나님의 인도하심이 아니면 정말 내리기 어려운 결정이었다. 이렇게 해서 우리는 해외선교위원회 파송 교단의 일본선교사 제1호 선교사로 파송을 받게 되었다.

지난 20년동안 우리 교단의 선교 정책에는 많은 변화가 있었다. 우리 부부로부터 시작된 해외선교위원회의 일본 선교가 이제는 열 두 가정을 헤아리는 일본선교부가 되었다. 정식 선교사 여섯 가정과 협력선교사 여섯 가정이 일본의 각 지역에서 열심히 일본 선교를 감당하고 있는 것을 볼 때에 하나님께서 얼마나 일본을 사랑하시며 우리 교단을 축복하고 계신가를 여실히 알

수가 있다. 할렐루야!

우리 교단의 일본 선교는 1930년대에 이미 시작이 되었다. 하지만 그것은 어디까지나 일본에 주재하는 한국인들을 위한 선교였다. 그러나 지금은 그 때와 비교해서 선교 패턴이 많이 바뀌었다. 지금은 일본인들을 대상으로 선교하는 선교사님들이 여러 분 계신다. 우리 부부는 처음부터 일본인들을 대상으로 사역할 것을 다짐했다. 일본 선교사이기 때문에 일본인들에게 선교하는 것을 당연한 것으로 알았다. 때문에 우리는 일본 땅에 들어온 첫날부터 일본 사람들에게 선교를 해왔다. 물론 일본 선교에는 여러가지 패턴이 있을 수 있다. 일본에는 재일교포도 있고 유학생들이나 주재원들도 많이 있기 때문이다. 물론 그들을 대상으로 선교할 수도 있다. 그러나 우리는 하나님으로부터 일본 사람들을 대상으로 선교할 마음과 사명을 주셨다. 그래서 지금까지 그렇게 일본인을 대상으로 선교하고 있는 것이다. 또한 앞으로도 그렇게 선교할 것이다.

한국 사람과 일본 사람은 생기기는 거의 비슷하게 생겼어도 생각하는 것이나 행동하는 것이 너무 '다름'을 종종 본다. 이것은 결국 '다름의 차이' 만큼 선교하기가 어렵다는 것을 의미한다. 일본은 선교사의 무덤이라고 불릴 정도로 선교하기 어려운 나라다. 그러나 일본선교는 세계 어느 나라보다 한국인에게 적합하다.

일본선교를 한국인이 가장 잘 할 수 있는 이유는 먼저는 생김새가 너무도 닮았기 때문이라 생각한다. 생김새가 너무 닮아서 아무말도 하지 않으면 일본인과 한국인의 구별이 잘 되지 않을 정도다. 또한 언어를 구사하는데 있어서 어순이 같기 때문에 한국인은 세계에서 가장 정확하게 일본어를 구사할 수 있으며, 우리의 우수한 한글은 가장 정확하게 일본어를 발음할 수가 있다. 가깝고도 먼 나라이지만 한국과 일본은 역사적인 공통분모가 많고 가장 가까운 이웃 나라이며 가장 많이 문화를 공유하고 있는 관계이기 때문에 한국인이 가장 일본 선교를 잘할 수가 있는 것이다.

특히 한국이 일본선교를 해야만 하는 분명한 이유가 있다. 첫째로 모든 만민에게 복음을 전파하라는 예수님의 지상명령에 근거하고 있다. 또한 "네 이웃을 사랑하고 네 원수를 사랑하라"고 하신 예수님의 말씀을 이루어 드리기 위해서 한국 교회는 일본에 선교를 해야만 할 것이다.

두번째로 일본선교는 한국 교회의 책임이기 때문이다. 왜냐하면 1억 2천 7백만 일본의 영혼들이 불교적인 사고에 젖어서 복음을 외면하고 있는 사실을 보면서 일본에 불교를 전한 것이 한국이라는 사실 때문이다. 백제가 불교를 전하고 고구려가 승려들과 불경을 보냄으로 인해서 일본이 불교나라가 되어 지금까지 많은 사람들이 복음이 없이 죽었다. 그런 의미에서 일본선교는 한국 교회의 책임인 것이다.

한국교회가 특별히 기독교대한성결교회가 일본선교를 해야 하는 또 하나의 이유는 사랑의 빚을 졌기 때문이다. 1907년 일본의 동경성서학원에서 공부하고 귀국하신 정빈, 김상준 두 분의 전도를 통해서 기독교대한성결교회가 시작되었다. 넓은 의미에서 기독교대한성결교회는 일본홀리네스교단의 동경성서학원에 그 뿌리를 두고 있다고 할 수 있다. 이런 의미에서 사랑의 빚을 진자의 심정으로 일본에 선교를 해야한다.

한국교회가 일본선교를 해야만 하는 네번째의 이유는 구원을 받아야만 하는 영혼들이 그 곳에 있기 때문이다. 일본인구 1억 2천7백만명 중에서 기독교 인구는 0.78퍼센트라고 한다. 여기에는 카톨릭신자와 이단의 신앙을 갖고 있는 사람들도 모두 포함되어 있다. 현재 일본의 교회수는 7900개 정도인데, 매 주일 실제로 예배드리는 숫자가 27만명 정도이다. 그런데 참으로 가슴 아픈 일은 이 중의 절반 가까이가 소위 자유주의 신학의 영향을 받고 있는 목사가 목회하고 있는 교회에서 신앙생활을 하고 있다는 사실이다. 그렇다고 한다면 매주일 교회 예배에 참석하고 있는 일본의 복음적인 크리스챤 인구는 약 13만명으로, 이는 일본 전체인구의 불과 0.1퍼센트 정도밖에 되지 않는다. 이것은 결국 일본인구의 99.9퍼센트 가까이의 사람들이 복음을 필요로 하고 있다는 얘기가 된다. 거의 대부분의 일본 사람들이 복음이 없어서 죽어가고 있는 것이다. 이렇게 복음이 없어 죽어가는 사람들이 있기 때문에 한국교회는 일본선교를 해야만 하는 것이다.

나는 매년 7~8월이 되면 일본의 부흥을 위한 후지산정상기도회를 갖고 있다. 이미 열 일곱 번의 정상기도회를 행하였다. 작년에는 동경성서학원 학생들을 데리고 갔다. 물리적으로 일본에서 가장 높은 곳에 올라가서 일본의 부흥을 위해 기도를 하면 언제나 눈물의 기도가 나온다. 그것은 일본을 향한 하나님의 사랑일 것이다.

너무나 부족한 우리들이지만 하나님께서 일본 선교를 위해 사용해 주시는 것으로 인하여 늘 감사한다. 부족하지만 하나님께서 허락하시는 그날 까지 우리에게 허락하신 일본선교의 사명을 감당해 나가고 부족하지만 하나님의 사랑으로 일본의 영혼들을 사랑하기를 원한다. 또한 우리 부부를 통해서 하나님의 영광이 드러나기를 기도한다. 이 마지막 때에 일본이 부흥되어서 세계선교를 감당함으로 예수님의 재림을 앞당기는 사명을 잘 감당할 수 있도록 기도해 주시기를 부탁드린다.

' 우리가 사랑 없이 줄 수는 있지만
주는 것 없이 사랑할 수는 없다. '
' 전도하기를 멈추는 교회는 머지 않아
곧 복음적인 교회로 남아 있지 못할 것이다. '

-알렉산더 더프

선교사는 부르심 받은, 남과 다른 특별한 사명감을 가진 자로
여겨지기도 한다. 하지만 선교사는 그들과 함께 먹고 그들과
함께 섞이어 삶을 나누며 함께 살아감으로 주님을
보여주는 사람임을 깨닫게 되었다.

하루의 책장을 접하며

E국 | 이동춘

이동춘 선교사는 2004년 교단 소속으로 E국에 파송되어 유치원사역과 MK사역 그리고 한글공부방 사역을 감당해 왔다. 가족으로는 이원배 선교사와 승수, 연수가 있다.

하루의 책장을 접한다. 오늘도 모든 이가 주의 평강으로 안식하기를 바란다. 순간순간을 감사로, 주의 동행으로 채우며, 오늘도 주님으로 인해 나누는 자의 모습이고 싶다.

E국의 높은 하늘과 아직도 뜨거운 한낮의 햇빛 그리고 건조한 먼지 냄새의 바람, 우중충한 건물과 스모그로 인한 먼지가 잔뜩 앉은 나뭇잎의 흔들림이 이제는 너무도 낯익어서 환경 자체가 익숙해지고 편해졌다.

매일의 삶 속에 동행하시는 주님으로 인해 오늘도 나의 삶은 풍성하리라. 늘 기도할 수 있는 무릎도 허락하시고, 늘 관심 가질 수 있는 이웃도 허락하시고, 늘 사랑 할 수 있는 영적 가족도 허락하시고, 모든 것이 어우러져 오늘을 써내려가고 있다.

하루에 한 가지 일도 제대로 할 수 없는 E국의 모든 시스템으로 인해 오늘도 참는 훈련을 하게 된다. 어쩌면 모든 일에 항상 빠르게 해야 했던 한국에서의 삶에서 돌다리 두드리듯이 느긋함과 여유를 회복하는 느림의 훈련을 하는 듯 하다.

E국에서의 14년이란 짧지 않은 시간 속에서도 여전히 직면하게 되는 새로운 문제들 속에 기도해 본다. 사방은 막혔으나 하늘은 열려 있지 않은가! '기도할 수 있는데 왜 걱정하십니까?'라는 복음성가의 가사가 새삼 마음을 뭉클하게 한다. 우리의 권세과 능력은 기도에서 나오기에 기쁨으로 기도해 본다.

창밖으로 들리는 자동차의 부릉거림과 들개들의 울부짖음과 거리 야생고양이들의 앙칼진 울음소리, 거기에다가 '알라 아크바르~' 아잔소리까지도 …….

안식년을 맞아 나의 조국인 한국에 들어와 있으니 이곳이 오히려 나그네의 삶이 되고, E국의 삶이 평안의 집이 되어 있음을 보면서 하나님의 은혜를 다시금 깨닫는다. 주님은 우리를 자녀 삼으시고 먹이시고 입히실 뿐 아니라 "너는 내 것이라 내가 너를 낳았도다" 인치시며, 주님의 영혼을 가슴에 품게 하셨다. 그리고 머리로 이해되지 않는 E국인들의 모든 삶의 모습과 행동들을 이해하려고 하기보다 그 자체로 인정하고 받아들일 수 있게 하심에 감사를 드리게 된다.

지난 시간들을 돌이켜 보니 정말로 역사를 주관하시는 하나님의 이끄심과 결코 놓지 않으시는 사랑과 기대로 E국을 살피고 계시는 주님을 느꼈다. 또한 우리의 삶 가운데 역사하셨던 성령님을 만나게 되었다.

2011년 1월 아랍의 봄을 이끄는 시민혁명이 일어났다. 전쟁을 방불케 하는 총소리와 폭탄 소리까지 바로 가까이서 들려왔으며 아이들의 울음소리와 어른들의 괴성이 온몸에 공포라는 단어를 느끼게 해주었다. 주유소, 대형마트 할 것 없이 가게들은 가난한 이들과 떼강도들에 의해 털리고 생필품이 제대로 공급되지 못하고, 밖에 나가지 못하는 시간들을 보내게 되었다. 오로지 정보를 들을 수 있는 것은 텔레비전 뿐이었다. 전화와 인터넷은 이미 끊긴 지 오래 되었기 때문에.

세상이 어떻게 돌아가고 있는 것인가? 지금 우리는 여기에 계속 있어야 하는가? 집에 있는 쌀이며 먹거리가 다 떨어져 가기에 조심스럽게 집 밖으로 나가 보았다. 깜짝 놀란 것은 막대기에 부엌칼을 손에 든 동네 주민들이 우리 집을 지켜주고 있는 것이 아닌가! 웃고 인사하며 그저 지나쳤던 그들이 밤을 새워가며 우리를 지켜주고 있었다.

밤에는 춥기에 모닥불을 피워놓고 돌아가며 보초를 서주었고 아파트로 들어가는 문에 보조키 달아주며 열쇠를 주고 걱정 말라고 그들은 이야기한다. 나는 두려움에 집 밖도 못나왔는데 말이다.

진정한 이웃이 무엇일까? 나는 그들의 이웃이 되기 위해 E국에 왔지만 내 두려움에 갇혀 집 밖도 못나오는 정말로 못난이임을 알게 되었다. 그때 우리는 한인이 많이 사는 동네와는 멀리 떨어진 현지인 동네에서 살고 있었다. 외국인이라고는 우리 가족뿐이었다. 그래서 알게 모르게 우리는 그 동네에 유명 인사였다. '동양인이 이런 동네에 왜 들어와 살지' 하는 호기심으로 마치 원숭이 보듯 하는 많은 시선을 받으며 거리와 마트를 다녀야 했었다. '이렇게 까지 하며 살아야 하나' 싶기도 했던 나에게 그들은 이웃으로 우리를 받아주었고, 우리가 주지 못했던 사랑을 그들은 우리에게 베풀어 주고 있었다. 솔직히 창피하였고 감격스러웠다.

위험한 상황이 계속 진행되면서 우리나라에서는 전세기를 보내어 한인들의 귀국을 종용하기에 이르렀고 많은 한인들과 선교사들이 전세기로 한국으로 돌아갔다. 우리도 가야하나 어쩌나하는 망설임이 있었다. 우리 가족은 함께 기도하였다. 무릎의 결단을 통해 E국에 남아 있기로 결단하였다.

함께 동역하시는 현지인 목사님과 사역자들이 우리가 걱정이 되어 핸드폰으로 전화를 걸어왔다. 다들 떠났는데 '왜 한국으로 가지 않았느냐? 거기는 위험하니까 짐 싸가지고 우리 집에 와서 묵어라. 언제까지든 있어도 좋다' 며

권해 주었다. 진짜 어려울 때 진정한 이웃을 만나게 되는 것 같다.

시간은 흘러 모든 사태가 잠잠해지자 현지인 목사님은 말씀하셨다. '이제 너희가 우리의 진짜 친구임을 알겠다. 어려울 때 떠나지 않고 우리와 함께 있어주어 고맙다.' 그때 '선교란 현지인들과 함께 하는 것이구나.'를 깨달았다. 진정 평온할 때도 어려울 때도 그 거리가 멀던 가깝던 간에 함께 하는 것이 바로 선교다.

선교사는 부르심 받은, 남과 다른 특별한 사명감을 가진 자로 여겨지기도 한다. 하지만 선교사는 그들과 함께 먹고 그들과 함께 섞이어 삶을 나누며 함께 살아감으로 주님을 보여주는 사람임을 깨닫게 되었다.

제1시민 혁명인 '아랍의 봄'으로 인해 30년 현대판 파라오라고 불리던 M 대통령은 감옥으로 수감되고 최초의 민선 대통령인 M이 당선되었다. 그는 무슬림 형제단의 뒷 배경을 엎고 E국 국민들의 지지 가운데 대통령으로 당선되었다.

그러나 가시나무가 왕이 된 격이라고나 할까. 국민들의 배고픔은 뒤로한 채 그는 이슬람 종교의 확산과 정치적 이슬람화를 위한 세 확산과 확립만을 힘쓰다보니 1년 만에 최악의 경제난, 취업난, 치안부재로 무슬림 형제단을 제외한 모든 국민들로부터 지탄을 받았다. 2013년 6월 30일에 국민들의 타흐리르 광장(자유의 광장)에서 "종교 독재자는 물러가라" 라는 외침으로 퇴출되기에 이르렀다. 안타까운 것은 가장 손쉬운 방법인 군부를 통해 무력으로 모든 일이 행해져서 7월 3일 무르시는 대통령직에서 강제로 하야하게 되었다.

E국 국민들은 진정 무엇을 원하는가? 끝이 보이지 않는 암담한 역사 터널의 시발점에 서 있는 듯하다. 하마스 테러를 양산하는 뿌리가 된 무슬림 형제단이 가만히 이를 받아들일 리 만무했다. M대통령의 복권과 남은 임기 보장을 요구하며 여기저기서 죽음을 불사한 데모가 일어났다. 매일 TV뉴스에는 수많은 사람들의 사망과 사상자들의 숫자가 보도되고 전국적으로 일어나는 대규모 데모들이 보도되었다.

친 M측과 친 군부와의 치열한 투석전, 피흘림, 외침 절규, 어린 아이들까지도 길거리로 나오고 있는 상황이었다. 국론은 극도로 분열되어 정치, 종교 이야기를 나누게 되면 서로 이해타산이 걸려 있지 않음에도 패싸움이 벌어지고 사상자가 속출하였다. 국민의 1/4이 초극빈자에 속하고 19~39세까지 한창 일할 젊은이들의 실업률이 실지 보고와는 다르게 82%에 이르는 상황, 정부 달러 보유고가 바닥이 나 지금은 IMF지원을 받게 되었다.

군부의 배경으로 구테타나 다름없이 대통령이 된 엘시시는 모든 테러와의 전쟁을 선포하였고 새로운 종교법을 시행하고 있다. 아직은 암담한 E국인의 삶, E국인들의 배고픔, 그들의 울분과 분노는 언제 폭발할지 모르는 상황이다. 그 누가 대통령이 되더라도 '배고픔'을 해결하지 못한다면 같은 일은 반복 될 것이다. 혼란의 시대지만 주님께서 역사의 중심에 계신다. 이슬람에 회의를 느낀 국민들 마음에 성령의 은혜로 복음이 심겨지고 이슬람이 약화되는 계기가 되도록 기도한다.

여느 때와 다르게 밝은 조용한 검은 색 장막을 드리우며 세상은 시끄러우나 우리가 사는 동네는 정적만이 흐르고 시계의 초침 소리만이 들린다. 매일 수십 명 수백 명의 사상자가 발생하고 치안 부재로 인해 떼도둑과 강도가 성행하고 마약과 성폭력이 난무하고 서로가 잡아먹지 못해 으르렁 거리는 맹수들인 양 곳곳에서 오늘도 시비와 싸움과 폭력이 난무한다. 가지가지 폭력 사태와 군경의 강경진압에 따른 인명의 살상들이 매일의 삶을 장식하고 있는 이 땅에서 마치 다니엘의 세 친구가 풀무 불 가운데서도 머리카락 한 올 타지 않고 주님이 보내주신 천사로 인해 해함을 입지 않은 것 같이, 허리케인과 같은 강력한 초대형 태풍이 불어도 태풍의 눈은 평온한 것 같이, 이 땅에 거하는 우리는 이 난리와 혼돈 속에서도 주님의 주권적인 보호하심으로 말미암아 너무도 평안한 시간들을 보냈었다.

선교지에서 주님의 도움으로 일구어간 온 14년의 시간을 어찌 종이 몇 장으로 적을 수 있을까? 때로는 눈물로, 때로는 탄식으로, 때로는 감사로, 때로는 예기치 않은 감격으로 써내려가는 시간들.

얼마 전 한국에 있는 아들이 보내온 편지를 보면서 다시금 주님이 주신 길에 있음을 감사하게 되었다. 그 편지를 적어보겠다.

"오늘 ○○ 교회 ○○○ 목사님께서 이임하시는 날이라, 청년부 예배가 아니라 ○○○ 목사님 마지막 설교를 들으러 갔어요. 설교가 끝나니까 많은 사람들이 목사님께 박수를 보내고, 꽃을 주고, 기념영상을 틀어주었어요. 영상을 보는데 갑자기 눈물이 날 것 같았어요.

영상이 끝나고 다시 긴 박수갈채가 이어질 때도 저는 눈물을 참기 위해서 안간힘을 다 썼어요. 영상이 틀어진 순간부터 제 머릿속에 가장 먼저 떠오른 것은 목사님의 47년 목회생애에 대한 감탄이 아니라 E국에서 순종하며 사역을 감당하고 계신 부모님 생각이었어요.

47년이라는 긴 목회인생과 ○○ 교회에서 만 25년 사역을 하신 ○○○ 목사님께서는 다니는 교회들마다 큰 부흥을 이끌어내시며 성공한 목회자로써의 길을 걸어오셨어요. 한국 기독교의 역사를 써왔다고 해도 과언이 아니죠. 연필처럼요. 모든 역할을 다하고 몽땅 연필이 되어 없어져도, 그 연필이 지나온 길에는 흔적이 남아요. 모두 박수치고 감탄하는 영광스러운 흔적이……

그런데 아빠 엄마는 이집트에서 10년 넘게 사역을 하고 계시지만 그 어떠한 흔적도 없어요. ○○○ 목사님이 연필이라면 아빠 엄마는 지우개라는 생각이 들었어요. 연필처럼 흔적을 남길 수는 없지만, 그 연필이 종이 위에서 마음껏 역사를 쓸 수 있도록 새하얀 백지를 준비하는 지우개요. 종이가 드디어 새하얗게 되어 연필이 역할을 할 수 있게 되면, 지우개는 쓸리고 닳아서 없어져 버리죠. 지우개의 끝에는 그 어떠한 흔적도 없어요.

모두가 박수치고 감탄하는 영광도 없어요. 누구도 기억하지 않지만, 지우개는 지우개의 역할을 할 때 가장 값진 거겠죠. 흔적을 남기는 지우개는 정말 쓸모없는 지우개잖아요. 쓸리고 닳아서 없어지는 영광 없는 삶이지만, 그 끝에 누구도 박수치지 않고 기억하지 않고 감탄하지 않지만……

그래도 한 알의 밀알처럼 묵묵히 순종하며 이집트에서 사역하고 계신 아빠 엄마. 그래서 안타깝지만, 또 그래서 정말 자랑스럽습니다.

응원하고 기도합니다."

주님의 부르심과 택하심에 굳게 서서 주님이 그 사명 거두시기까지 나의 달려갈 길을 그 누구의 인정을 구하기 위함이 아니라 '주님이 아시면 되지'라는 믿음과 위로로 오늘 다시금 귀한 선교사라는 주님의 부르심 앞에 무릎으로 반응하며 순종하길 기도합니다.

우리 주님 앞에 부끄러울 것이 없는 자로 인정받을 수 있기를, 종국에는 충성된 종이라 칭찬 받을 수 있기를 기도합니다.

주님 감사합니다.

한국의 여러 대학에서 열심히 공부하고 있을 보고픈 친구들,
교회에서, 문화원에서, 헝가리 땅에서 만남을 통해 인연의 끈을
계속 이어가고 있는 소중한 친구들, 그대들이 있어 이방인으로
살아가는 이곳 헝가리의 삶이 따뜻하고, 의미 있고 보람이 있다.

잃어버린
한 영혼을 찾아서

헝가리 | **신기재**

신기재 선교사는 1992년 오엠 국제선교회 소속으로 2년
단기사역을 통해 선교사로 부르심을 확인하고 1994년 9
월에 교단 선교사로 헝가리에 파송을 받아 헝가리어 언어
공부 후에 OMS와 6년간 동역하고, 2003년 10월부터
부다페스트에 현지인 교회를 개척하여 지금까지 헝가리
에 성결의 복음을 전하고 있다. 가족으로는 유경숙 선교
사와 요한, 바울이 있다.

헝가리 수도 부다페스트는 도나우 강을 중심으로 'Buda(부다)' 와 'Pest(페스트)', 그리고 'Óbuda(오부다)' 라고 하는 세 개의 도시에서 시작된다. 영국의 건축가 아담 클러크에 의해 19세기 말 건축된 'Szechenyi Lanchid'(세체니 다리)는 부다와 페스트, 오부다 3개의 도시를 연결해 주는 최초의 다리가 되었다. 이 다리의 건축으로 말미암아 명실공히 부다페스트가 하나의 도시요, 유네스코 세계 유산에 등재된 도시로서 오늘날 중유럽의 최대 도시로 발전하게 되었다.

누군가는 꿈을 꾸고, 누군가는 계획을 하였으며, 누군가는 설계를 하고, 또 누군가는 다리를 건축하여 헝가리 사람들의 삶을 풍성하게 하는 데 크게 기여하였다. 이 다리는 우리에게 남다른 의미가 있다. 이 다리를 보면 떠오르는 단어가 있기 때문이다. 3개의 도시를 하나로 연결하여 아름다운 조화를 이루기까지 보이지 않는 곳에서 수고한 많은 사람들이 있었다면, 우리에게는 친히 다리가 되어 주셔서, 거룩하신 하나님과 죄인된 우리, 자연과의 하모니를 이루신 예수 그리스도가 계시다. 그래서일까? 이 세체니 다리는 볼 때마다 '예수 그리스도를 본받아 살아가라' 고 외치는 것 같다.

하나의 다리가 되기 위해

1994년 9월 주께서 허락하신 선교지, 헝가리 땅을 밟은 지도 어느덧 햇수로 만 23년째가 되었다. 당시 8살과 5살이었던 아이들은 이제 성인이 되어 각자의 삶을 걸어가고 있고, 우리 부부는 이곳 헝가리에서 교회개척 사역에 전념하고 있다. 처음 만 2년 동안의 언어 공부와 헝가리 문화적응, OMS와의 교회협력 사역, 그 이후 2003년 가을에 새롭게 교회를 시작하여 지금까지 만 13년째 개척사역을 감당하고 있다. '개척'이란 단어는 꼬리표를 뗄 줄 모르고 여전히 지금도 붙어 다닌다. 그래서일까? 한 영혼, 한 영혼이 너무도 소중하다.

헝가리에서 소중한 한 영혼

이곳 헝가리에서 한 영혼을 만나기란 쉽지 않다. 길거리에서 전도지를 나눠 준다고 해서, 옆집 사람을 집으로 몇 번 초대한다고 해서, 혹은 웃음 띤 얼굴로 선물을 나눠 준다고 해서, 생일날 맛있는 케이크를 구워 준다고 해서, 이

사할 때 땀 흘리며 열심히 도와준다고 해서, 이들이 좋아하는 한국 음식을 몇 번 만들어 준다고 해서, 안면이 있는 사람들에게 직, 간접적으로 복음을 제시한다고 해서 친구 관계로까지의 발전은 그리 쉽지 않다. 헝가리에서 무엇보다 가장 중요한 것은 친분 쌓기를 통해 형성된 신뢰 관계이기 때문이다.

주님! 우리에게 헝가리 현지 영혼들을 만날 수 있도록 도와주세요. 잠깐의 만남이 아니라, 계속 이어지는 만남을 허락해 주세요. 마른 막대기와 같고 마른 풀과 같은 저희들을 불쌍히 여겨 주세요! 의사들은 환자를 만나야 행복하고, 변호사는 의뢰인을 만나야, 목회자는 성도를 만나야, 선교사는 현지 영혼들을 만나야 존재의 의미와 보람을 느낄 수 있다는 단순한 사실을 깨닫는 시간이었을까?

다리 속의 또 작은 다리를 찾아

지금으로부터 정확하게 7년 전 겨울, 그때도 지금처럼 꽤 추웠던 것 같다. 음산한 날씨의 뼈 속까지 스며드는 차가운 바람을 뒤로 하고, 우리 부부는 '한국어 무료 강좌'란 제목의 전단지를 만들어 학교와 공공장소 등 사람들이 쉽게 볼 수 있는 곳에 붙이고 나름 기대를 가지고 신청자들로부터 연락 오기만을 간절히 기다렸다.

그도 그럴 것이 2008년 EU 국가에서는 최초로 한국 드라마 '대장금'이 헝가리 공영방송을 통해 여러 회에 걸쳐 방영되면서 한국의 음식과 역사, 문화, 예술 등 한류 열풍이 상승곡선을 타고 있을 시기였기 때문이었다. 무엇보다 외국어를 배우고자 하는 젊은 층을 접촉할 수 있는 절호의 기회가 될 것을 믿어 의심치 않았다.

사람이 자기의 길을 계획할지라도 그 걸음을 인도하시는 주님!

그러나 우리의 예상은 빗나갔다. 전혀 예상하지 못했던 40대 1명과 50대 2명, 모두 3명이 한국어를 배우겠노라고 연락이 온 것이다. 그때까지만 해도 '외국어는 젊은이들이 배우는 것'이란 선입견이 우리 속에 강하게 자리잡고 있었기 때문에 그 상황을 받아들이는 것이 쉽지 않았다. 순간, 이 사람들에게 한국어를 가르쳐야 하나, 말아야 하나 고민이 생겼다.

저 사람들은 과연 자신의 모국어와 알파벳과도 전혀 다른 한국어를 배울 수 있을까? 과연 며칠이나 갈까? 우리의 만남은 지속적으로 이루어질 수 있을까? 과연 교회로까지 인도할 수 있을까? 주님을 주로 고백하는 자리에까지 나올 수 있을까? 우리의 노력이 수포로 돌아가는 것은 아닐까? 과연 이 일의 시작이 우리 인간적인 머리에서 계획된 것은 아닐까? 주님께서 주신 마음이었을까?

계속되는 질문이 꼬리에 꼬리를 물고 머리 속에서 떠나질 않았다. 그래도 분명한 것은 한 영혼을 만나기 위해 기도했고, 나름 수고했고, 나이가 어찌되었든 하나님께서 보내주신 영혼들이란 생각에는 변함이 없었다. 비록 우리가 기대했던 젊은이들은 아니었지만 하나님께서 붙여주신 영혼들, 하나님의 사랑이 필요한 영혼들이었다. 한편으로 생각해 보니 한국어 교육 경험이 전혀 없었던 우리 부부에게 한글을 배우겠다고 찾아와 준 이 세 명은 우리로 하여금 한국어를 통해 전도한다는 것이 어떤 것인지? 그 중요성과 가치를 일깨워 준 소중한 천사들이었다.

작은 다리의 기초를 놓아

2010년 2월부터 우리는 한국인이란 이유만으로, 한국어 교육에 대한 아무 자격증도 없이, 오로지 헝가리 사람들을 만나겠다고, 지속적으로 만나 친분을 쌓겠다고, 그래서 우리 안에 살아 계신 주님을 한국어란 매개체를 통해 보다 효과적으로 전해 보겠다는 단순한 생각을 시작으로 한국어 교육에 첫 발을 내디뎠다. 물론 그 당시 우리의 무모한 도전과 결단이 오랫동안 이어지리라고는 전혀 예상하지 못했다.

시작된 한국어 교육 일정에 대해 잠시 언급하면 다음과 같다. 전체 8주 코스로, 교육은 우리 부부가 전담하였고, 일주일에 한 번, 90분 수업으로 첫 45분은 문법 중심, 나머지 45분은 회화 중심으로 구성하였다. 처음 6주 동안은 집중 수업을 진행하였고, 7주째는 필기시험을 보고, 마지막 8주째는 가족과 친구들을 초청해 그들 앞에서 그동안 배웠던 한국어를 말하도록 하는 구술 시험으로 방향을 잡았다. 구술시험 때는 동료 선교사님들과 한인들의 도움을 받아 공정한 심사가 이루어지도록 하였고, 구술시험 이후에는 영상을 통한 한국 문화 소개와, 한국 음식 직접 만들어 맛보기, 윷놀이, 제기차기 등 순서를 다채롭게 꾸며 축제의 장으로 만들었다.

처음 3명으로 시작할 당시, 한국어를 가르치는 과정 속에서도 우리 속의 질문은 계속되었다. 과연 우리의 계획대로 밀고 나가야 하나? 몇 명 되지도 않는데, 구술심사위원까지 초대해야 하나? 망신당할 게 뻔한데, 성적표까지 만들고, 수료증까지 주어야 하나? 정식 한글 학교도 아닌데 괜찮을까?

그러나 이왕 시작한 일, 하나님 앞에서 대충하지 말자, 한 명의 영혼을 주님 앞으로 인도하기 위해 우리가 할 수 있는 모든 노력을 다하자. 결과는 주께 맡기고, 또한 처음 계획했던 것을 상황과 환경에 따라, 사람의 많고 적음에 따라 바꾸지 말자. 헝가리 친구들은 우리가 믿는 주님, 그 분을 만나기 전에 우리가 한국인이라는 것에 먼저 주목하게 될 것이다. 대충하는 한국인의 값싼 이미지도 허락하지 말자. 그리하여 처음 계획했던 그대로 밀고 나가기로 했다.

세 명의 소중한 친구들은 추운 겨울 동안, 한국어를 배우겠노라고 꽁꽁언 손을 호호 불어가며, 코끝이 빨갛게 되어 우리를 믿고 찾아와 주었다. 이

해가 잘 안 되는지 고개를 갸우뚱거리며 질문의 공세를 늦추지 않았던 호기심 많았던 친구들이었다. 발음이 힘들고 단어 암기가 되지 않아 몇 번씩 반복하며 따라 하던 어린아이 모습의 친구들이었다. 그 소중한 세 명의 친구들과 함께 했던 시간들은 새내기 한국어 교사의 가슴을 뛰게 만들었고, 그 어설펐던 '한국어 교육'은 오늘날 우리의 주 사역이 되게 하였다.

그렇게 1년에 4코스, 그 이듬해 2011년 말까지 모두 8코스를 마칠 때쯤 3명으로 시작한 한국어 교육은 거의 30명에 이르렀고, 연령대도 대폭 낮아져 20대는 물론 학생들의 입소문을 통해 10대들도 한국어를 배우겠다고 찾아왔다. 한 반에 최대 6명이 넘지 않도록 했고, Level은 시간이 지나면서 하나둘씩 늘어만 갔다. 이렇게 점차 불어난 학생들로 인해 우리 부부가 감당하기에는 조금씩 버겁게 느껴지기까지 했다.

선을 행하되 낙심하지 말지니

땀 흘려 수고하고 노력한 만큼 열매를 볼 수 있으면 얼마나 좋을까? 한국어를 배우겠다고 찾아와 우리와 몇 달 혹은 1년 이상 친분을 쌓아온 이들 중에는 교회 예배는 물론 성경공부까지도 꾸준히 참석하는 사람들이 몇 몇 생기기 시작했다. 잠시 우쭐할 때도 있었지만, 한국어 교육을 통해 거쳐간 수 많은 학생들에 비하면 극히 소수에 불과했다. 주일 예배에 몇 번 참석하다 안 나온 이들, 한 동안 교회에서 열심히 봉사하다가 서유럽으로 결혼 때문에 혹은 직장을 찾아 떠난 친구들, 심지어 한국 여행까지 함께 했던 친구들마저도 우리 곁을 떠나갔다. 물론 주님을 떠나간 이들도 있지만, 현지 보수 교단으로 옮겨간 이들도 있었다. 그럼에도 불구하고 한 명, 한 명의 소중한 영혼들이 주님께 돌아오고 있었다.

성실한 자리 지킴이들

한글을 통해 연결된 사람 중 만 6년째 식당 봉사를 기쁨으로 자처하는 사람이 있는가 하면, 보이지 않는 곳에서 성도들의 필요를 채워주는 숨은 봉사자도 있다. 일명 종합병원이라 불리는 한 성도는 육체의 나약함에도 불구하고 연약한 자를 위로하고 격려하는 은사를 가졌다. 그런가 하면, 똑똑하고 명석한 친구 하나는 고졸, 고아 출신의 남편과 결혼해 내조의 여왕으로 지혜롭게 주님을 섬기며 젊은이들의 본이 되고 있다. Two job을 뛰며 열심히 살고 있는 언디는 늘 사진 기사로 봉사하고, 한국어가 중급 단계인 회사원 조피와 대학생 번더는 가끔 방문하시는 한국 목사님들이 강단에서 말씀을 선포하실 때마다 기쁘게 통역으로 봉사한다. 또한, 먹는 것을 좋아해 사람들의 집중포화를 받지만, 마음은 따뜻하고 순수해 시 쓰는 것을 즐기는 라슬로도 있고, 헝가리계 우크라이나 출신의 단벌 신사 티보르는 매주일 어김없이 자기 자리를 지킨다. 또한 한국어를 배우고 있는 젊은 친구들은 서로 약속이라도 한 듯 돌아가며 한 달에 한 번은 참석한다. 이름도 없이, 빛도 없이 보이지 않는 곳에서 하나님 나라 확장을 위해 조용히 섬겨 주시는 동역자 선교사님도 계셔서 얼마나 든든하고 감사한지 모른다. 우리의 제한된 어휘로 어찌 다 표현할 수 있을까? 하나님께서 우리에게 부탁하신 소중하고 귀한 영혼들, 그들이 있어서 정말 행복하다.

한국어를 통해 이어지는 기초 작업

교회에서 시작된 한국어 교육은 현재, 한국 문화원으로 자리를 옮겨 똑같은 기초 작업을 계속 이어가고 있다. 2012년 2월 헝가리 내 한류 영향으로 부다페스트에 유럽에서 8번째로 한국 문화원이 개원하였는데, 당시 한인 교회 집사님이셨던 초대 문화원 원장님의 부탁이 있었다. 그것은 교회에서 가르치고 있는 학생들을 모두 데리고 문화원으로 들어와 한글을 가르치라는 것이었다.

순간 두 가지의 생각이 머리를 스쳤다. 하나는 전도를 위해 시작한 한국어 사역이 공적인 장소로 옮겨 가르치다 보면 전도에 제약이 있을 것 같아 염려가 되었고, 또 하나는 한국어 교육에 대한 아무런 자격증이 없는데, 과연 공적인 장소에서 가르칠 수 있을까? 하는 것이었다. 그러나 감사하게도 원장님께서 친히 방패막이 되어 주셔서 전도도 마음껏 할 수 있었고, 필요한 교사 교육은 '세종학당재단'에서 국비로 지원이 되었다.

성령의 도우심과 은혜만이

한국에서 태어나고 자란 한국인이었기에 그 누구보다도 잘 가르칠 수 있을 것이라 자부했던 한국어 교육은 실제 교육 현장에서 우리의 교만함을 겸손 함으로 바꿔주는 사랑의 매가 되어 돌아왔다. 그뿐 아니라 더 많은 학생들 을 상대로 더 많은 복음의 다리를 놓을 수 있을 것이라 여겼던 우리의 생각 은 한국어 교육이 새로운 사람을 만나는 접촉점과 친분 쌓기, 신뢰 형성에 는 도움이 될지 모르지만 이것 역시 성령의 도우심과 은혜가 아니고서는 한 영혼을 주께로 인도할 수 없다는 영적인 진리 앞에 또 다시 겸손히 무릎 꿇 는 계기가 되게 하였다.

마지막 순간까지 한 영혼이 주께 돌아오기를

지금쯤 한국의 여러 대학에서 자신들의 미래를 꿈꾸며 열심히 공부하고 있 을 보고픈 헝가리 친구들, 교회, 문화원, 헝가리 땅에서 만남을 통해 인연의 끈을 계속 이어가고 있는 소중한 친구들, 그대들이 있어 이방인으로 살아가 는 이곳 헝가리의 삶이 따뜻하고, 의미 있고 보람이 있다. 또한 그들은 우리로 하여금 오늘도 세계 속의 당당한 한국인으로, 영원한 하늘나라의 시민으로서의 사명을 잊지 않게 해주는 존귀한 친구들이다. 3개의 도시를 하나로 연결한 세체니 다리처럼, 거룩하신 하나님과 주님을 모르고 살아가는 헝가리 영혼들, 그들의 가족과 이웃, 친구들의 아름답고 풍성한 조화로운 삶을 위해 오늘도 예수 그리스도를 닮아가는 우리의 축복된 삶이 되기를 간절히 기도한다.

' 교회의 존재 가치가 정당화될 수 있는 길은
교회가 선교의 책임을 이룩하는 것밖에 없다.'
' 사람이 수백만 불 이상을 남겨놓고 죽을지라도,
저 하늘 나라에는 단 한 푼도 갖다 놓지 못할 수 있다.'

-윌리엄 페틀러

길거리를 걸을때마다 터키어 간판과 음식점, 차이 하우스가
즐비하게 서 있는 광경을 볼 때 웬지 모르는 감격의 눈물이
내게서 흐르고 있었다. '하나님 부족한 한국인 선교사를
이곳에 보내셨으니 사용하여 주시옵소서'

열
번
째
이
야
기

나는 런던의
마라도나였다

선교국 | 송재흥

송재흥 선교사는 1990년 오엠 국제선교회 소속으로 터
키 사역을 시작으로 영국 런던에서 런던 터키쉬 국제교회
사역과 뉴질랜드에서 선교사를 훈련하는 사역을 감당하
여 왔다. 가족으로는 한금옥 선교사와 재인, 찬호가 있다.

내가 네게 지시할 땅으로 가라. _창세기 12:1~3

　때때로 선교사의 삶은 전혀 예측하지 못하는 새로운 일들의 연속처럼, 미지의 세계를 걸어가는 모험자와 같을 때가 있다. 몇 년간의 선교사 훈련사역을 하고 있던 가운데 평소 내가 존경하던 하워드 노리쉬 박사가 국제본부의 수장인 조지버워와 함께 의논하여, 국제본부안에서의 이슬람권 전략 사역을 요청하였다. 여러번 국제회의에서 만나면서 이슬람권 선교사들의 영적인 케어와 전략적인 컨설팅 사역의 필요를 서로 공감하기 때문인 듯 하였다. 한편으로는 마음이 기뻤지만 다른 한편에서는 염려가 밀려 들어왔다. 세계에서 가장 비싼 도시인 런던의 물가와, 후원 해야할 모금액수는 내게는 너무나 불가능한 액수처럼 보였다. 그때 나는 교단 훈련원에서 훈련생으로 듀얼 멤버십을 위해 훈련중에 있었다. 그리고 '과연 누가 유럽의 중심인 런던으로 선교사를 파송 한다는 생각을 한단 말인가?' 라는 염려가 나를 억누르고 있었다. 리더인 하워드에게 고민을 나누자 함께 기도하며 나아가자고 하였다. 마음 가운데 두려움이 있었지만 나와 아내는 아브라함을 부르실 때 갈 바를 알지 못하지만 그분이 '지시할 땅으로 가라' 하실 때 믿음의 결단이 있었던 처럼 우리에게 믿음의 결단이 필요함을 알았다. 그 무렵 이곳 저곳에서 또 다른 사역의 제안들이 들어왔지만 오히려 아내가 더 단호한 듯 하였다. 때로 여자가 남자보다 용기가 있는 듯 하다.

그 사이에 한국은 아시아의 금융위기의 한 가운데 있었다. 환율은 급등하고, 선교지에 있던 선교사들이 대거 본국으로 들어오는 상황이었다. 그러한 상황에서 우리의 후원으로 IMF 상황 가운데 런던으로 가는 일은 불가능한 일이었다. 하나님께 원망도 했다. '하나님 도대체 무슨 일인가요?'우리 부부와 어린 재인이와 정말 한치 앞을 내다 볼 수 없는 상황에서 우리는 한국을 떠나 뉴질랜드로 잠시 경유하여 런던으로 들어가는 것으로 결정을 하였다. 터키를 떠나온지 5년만에 나의 안전지대를 떠나 전혀 예측하지 못한 장소로 하나님은 우리를 인도하신 것이다.

런던에 도착한지 얼마 후 국제총재였던 조지버워 선교사님의 은퇴 선언이 있었고, 피터메이든 총재로 이양되는 과정에서 나는 신임총재와 의논하며 새로운 본부인 '카알라일' 보다는 오엠의 유럽 모슬렘사역의 중심 본부였던 런던의 터닝포인트 팀에서 교회개척 책임자로 사역을 하기로 결정을 하였다. 숨가쁜 변화였다. 처음에는 당황스럽기도 하였지만, 하나님은 나에게 내가 터키 동부에서 경찰에 체포되어 구치소에서 감금되어 금식하며 기도하였던 기도를 생각나게 하셨다. '하나님 제게 터키인 교회를 세울수 있게 하여 주옵소서.' 무엇인가 알 수 없었지만 런던으로 부르신 하나님의 계획이 있음을 어렴풋하게 확신할 수 있었다.

런던속의 작은 터키

본부 숙소를 정리하고 우리는 런던의 북부 쪽에 숙소를 정하기로 하였다. 경제적인 상황으로는 팀 하우스에 있는 것이 도움이 될 수 있지만 '호랑이를 잡으려면 호랑이 굴로 들어가야 한다'는 말처럼, 우리는 런던에서 가장 큰 터키인 게토(공동체)가 있는 핵크니, 토텐햄, 헤링게이 주변으로 숙소를 찾았다. 다행히 페리래인(Ferry Lane) 근처에서 작지만 월세가 제일 저렴한 집을 계약 할수 있었다. 말이 방 두개의 집이지 조그만 공간을 벽을 만들어 방을 만든 카운실이 만든 플랫하우스였다. 주변의 한국교민들은 가장 위험하고 범죄율이 높은 곳인데 어떻게 위험한데서 사느냐고 극구 만류를 하였다.

참으로 놀라운 것은 토텐햄(TottenHam)과 핵크니(Hackney)는 영국에서 가장 큰 터키인들이 모여사는 터키쉬 타운이었다. 오엠은 그곳에서 10년전부터 런던시티 미션이라는 단체와 그곳에 교회개척 사역을 진행하고 있었다.

길거리를 걸을때마다 터키어 간판과 음식점, 차이 하우스가 즐비하게 서 있는 광경을 볼 때 웬지 모르는 감격의 눈물이 내게서 흐르고 있었다. '하나님 부족한 한국인 선교사를 이곳에 보내셨으니 사용하여 주시옵소서' 라는 간절한 기도가 가슴 깊은 곳에서 나오고 있었다. 거리 곳곳에서 터키인들의 모습들과 터키어가 들려 올 때 온몸에 소름이 돋는 것처럼, 이상한 전율이 흘렀다. 터키에서 추방을 당할 때 이것이 나에게는 선교사의 마지막 이구나 라고 한없이 절망 하였는데, 하나님은 다시 내가 그토록 갈망했던 터키인들의 품으로 돌아오게 하신 것이다.

내 아내는 밥퍼 아줌마 였다.

런던에서 역사가 오래된 "찰스 스펄전"목사가 건축을 하였다는 핵크니 침례교회(Hackney Baptist church)를 빌려서 모이는 터키인 교회는 2~3명이 출석하는 개척 상태였다. 오엠 터닝포인트는 나를 교회개척팀 책임자로 임명하여 이곳으로 보낸 것이다. 그때 오엠은 아랍어를 사용하는 사람들을 위한 교회개척 사역도 런던 중심부에서 진행하고 있었다. 10여명의 단기선교사와 영국 선교사가 출석하고 있는 교인보다 사역자가 더 많은 아주 작은 교회였다. 숱한 부침속에서 교회는 더 이상 교인이 늘지 않는 그야말로 열악한 상황이었다. 오래된 건물이라 겨울에는 건물 내부가 바깥보다 더 추운 그런 곳이었다. 그 때 우리는 한가지 전략을 세웠다. 그것은 "우정전도"였다.

나는 길거리에 나가, 길거리에서, 차이 하우스에서 만나는 사람들, 또 중동전쟁의 와중에 난민으로 와 있던 터키어를 사용하는 터키 국적을 가진 많은 쿠르드 사람들을 집으로 초대하는 일을 하였다. 일주일에 3~4번이 넘게 우리 작은 집에는 손님이 끊이지 않았다. 신기한 것은 그 어려운 재정 상황에서도 그들을 먹일 수 있도록 하나님은 까마귀를 종종 보내어 주셨다. 어려운 상황 가운데도 아내는 정말 묵묵히 그들을 음식으로 섬기는 일을 손을 걷어 부치고 나서서 하였던 것이다.

그렇게 6개월을 넘게 하니 많은 친구들이 생겨나기 시작하였다. 그들도 나를 집으로 초청하기도 했다. 한국처럼 나는 그들 집을 방문 할 때는 빈손으로 가지 않고, 음료수, 휴지, 세제와 같은 일상품으로 사 가지고 갔다. 이점은 터키 문화와 한국문화와 매우 유사한 부분이어서, 이들은 내가 참으로 신기하게 느껴졌나보다. 그들은 나를 친구로 여기기 시작하였다. 그리고 짧은 시간 가운데 많은 친구들을 사귈수가 있었다.

지금도 아내는 런던의 기억은 버킹검 궁전과 근위병의 열병식, 런던 다리가 아니라 열심히 밥했던 것만 생각이 난다고 푸념을 한다. 가슴 한편으로 미안한 마음이 든다. 아내는 런던 북부의 한국인 밥퍼 아줌마였다.

터키인의 밤

3~4개월이 지났다. 그래도 여전히 교회 출석 인원은 큰 변동이 없었다. 기도하는 가운데, 나는 전도를 위한 문화축제의 밤을 개최 하기로 하였다. 그들을 교회로 초청하고 여러 문화적인 컨텐츠를 넣어 일종의 문화 페스티발을 겸한 전도대회를 하는 것이었다.

목표는 100명으로 하자고 제안하였다. 모든 이들은 나를 이상한 눈으로 쳐다 보았다. 눈치를 보니 어처구니 없는 목표라는 것이다. 하기사 지난 10여 년 동안 한 번도 그렇게 많은 모슬렘들을 교회에 모으는 일은 없었다. 그것 때문에 마음에 더 오기가 생겼다. 그 때 주님은 내게 지혜를 주셨다.

즉 '터키인의 밤'은 말 그대로 터키음악과 춤 그리고 음식을 가지고 우리 교인들과 친구들이 중심이 된 터키인의 밤이 되게 하는 것이었다. 나의 터키인 친구들에게 내가 행사를 준비하는 책임을 맡았으니, 나를 도와 달라고 요청하였다. 그들은 교회행사에 오는 것이 아니라, 친구를 도와주기 위해서 오는 셈이 된 것이다. 그러자 그들은 내가 부탁하는 데로 터키 음식과 음료들을 준비하여 모임에 참여하게 된 것이다. 물론 100명은 아니지만 80여명의 터키인 ,쿠르드인들이 참석하는 큰 모임이 되었다. 다른 오엠팀들은 이 소식을 듣고 짐짓 많이 놀란듯 하였다. '친구를 사랑하는 우정'이 매우 높은 덕목인 터키의 문화가 작동한 셈이다. 수십년을 모슬렘으로 살았던 이들이 교회건물로 들어서는 일은 그들에게 있어서는 큰 장벽이다. 그런데 그들은 교회를 온 것이 아니라 '친구'를 도와주러 오는 것이기에 부담없이 교회로 나올 수 있었던 셈이다. 짧은 메시지가 전해졌고 그들 중의 상당수가 주일 모임에 참석하기 시작하였다. 성탄절이 다가 오는 첫해에 우리는 12명의 새로운 신자들에게 세례를 줄 수 있었다. 세례식에는 세례를 받는 가족들이 참석하여 큰 성황을 이루었고 비로서 우리 런던 터키 국제교회는 가족들이 참석하는 교회의 모습을 조금씩 갖추기 시작하였다.

나는 런던의 마라도나 였다.

적은 숫자지만 교회는 성인들만 모였다. 특별히 터키어를 하지 못하는 오엠의 단기선교사들의 사역은 언어적인 장벽으로 제한을 받고 있었다. 전략이 필요했다. 그러던 중 나는 수 많은 터키 청소년들이 주말에 공원에 나와 축구를 하는 것을 보게 되었다. 나도 축구를 좋아하는 지라 축구공 하나를 사들고 해크니교회 근방의 공원으로 나가기 시작하였다. 런던의 한 복판에서 터키어를 하는 이상한 중년의 한국인 아저씨가 이들은 신기하기만 한듯 하였다. 나는 이들 십대들과 축구를 함께 하기 시작하였다. 오랫동안 운동을 하지 않은 40대의 아저씨가 십대들과 2시간 이상을 축구를 한다는 것은 벅찬 일이었다. 첫날 경기를 마치고 돌아온 나는 온몸이 땀에 범벅이 되었고, 급기야는 심한 몸살과 근육통으로 일주일을 고생하였다. 초등학교 시절 축구를 하였던 경험이 이들 십대들에게 받아 들여지는 귀한 역할을 한 셈이다. 40대를 들어서는 내가 십대들에게 밀리지 않고 축구를 하니 아이들은 나를 '한국인 마라도나'라고 별명을 지어줬다. 그러면서 서서히 이들과 가까워지기 시작하였다. 어느날 한 학생이 학교에서 영어로 공부하는데 어떻게 하면 영어를 빨리 익힐 수 있겠느냐고 물어 보는 것이었다. 그때 지혜가 떠올랐다. 그래서 나는 그들에게 성경을 영어로 공부하는 것이 최고의 방법인데 영어 성경을 공부하는 것이 어떻겠냐고 물어 보았다. 이들 몇몇이 순순히 의견을 받아 들였다. 비로서 작은 학생부 모임이 시작된 셈이었다. 특별히 몇 개월후 우리 오엠의 단기선교 자매팀중에 축구를 잘하는 자매 선교사들도 축구사역에 합류를 하면서 축구는 이들 청소년들을 연결하는 중요한 역할을 하였고, 특별히 단기자매팀들은 한국인 팀리더와 함께 서양선교사들을 활용하여 영어를 가르치는 학생부 모임을 조금씩 활성화 시킬수 있었다. 이들 자매팀들중 몇 몇 한국선교사들의 역할은 독보적이었다. 학생부가 서서히 자리를 잡아가기 시작하였다. 교회의 모습이 갖춰져 가고 있었던 것이다. 주말마다 심한 몸살을 앓던 나도 이제는 거뜬히 전, 후반 경기를 소화해 내면서 해크니, 토텐햄(Hackeny & Tottenham)의 '한국인 마라도나'의 진가를 발휘하기 시작하였다. 그후 이들 중의 몇 명은 예수님을 영접하였고 침례를 받게 되었다. 축구가 전도의 주요한 도구가 된 셈이다.

영적전쟁-기도의 능력

어느덧 터키인들은 나를 그들의 목자로서 인정하기 시작하였다. 가족들이 참여하기 시작하면서 나의 심방사역은 늘어나기 시작하였다. 하루는 자정이 넘어서 전화가 울렸다. 모임에 종종 나오던 '알리'라는 형제였다. 아내가 몇일간 잠을 못 잔다는 것이었다. 나는 급히 차를 몰고 그 집에 방문하였다. 나를 보고 무척이나 반가워 하는 자매는 몇일간 지속적으로 악몽을 꾸고 환청을 듣고 있었다고 하였다. 꿈인지 현실인지를 분간키 어려운 그러나 누군가가 자기를 죽인다는 위협을 하여 두려움에 시달리고 있다는 것이었다. 자매를 위해 기도하기 시작하였다. 한 시간이 넘은 긴 기도의 사투였다. 기도를 시작하니 자매는 심한 경련을 일으키며 저주하는 말을 하는 것이었다. 자매를 위협하는 대상은 바로 악한 영이라는 것을 알 수 있었다. 순간적으로 겁이 났지만 자매에게 귀신 들림이 있었던 것이 분명하게 느껴졌다. 자매팀 선교사들에게도 연락하여 도움을 요청하였다. 내게 귀신을 쫒는 기도의 경험이 없었지만 '나사렛 예수의 이름'으로 귀신이 이 자매로부터 나갈것을 명령하였다. 눈동자와 몸에서 나는 묘한 악취, 그리고 반항하는 저주의 말들이 악한 영에 사로잡혀 있음을 여실히 보여 주었다. 기억하기로는 다섯 시간 정도의 긴 사투의 기도였다. 자매에게 기도를 따라 하게 하고 예수님을 영접하는 기도를 하게 하였다. 자매도 나를 따라서 기도하기 시작하였다. "내가 예수 그리스의 이름으로 명하노니 내게서 떠날 지어다." 라고 자매는 큰 소리로 기도하였다. 그러자 몸에서 힘도 풀리고 얼굴에도 두려움이 사라지고 평안한 얼굴을 되찾았다. 집에 돌아온 얼마 후 그녀의 남편으로부터 연락이 왔다. 아내가 잠을 자기 시작하였다는 것이다. 악한 귀신으로부터 놓임을 받은 것이었다. 처음엔 두렵기도 하고 당황스러웠지만, 예수님의 이름의 권세가 승리한 것이다. 그 이후부터 예배가 끝날 무렵 항상 참석자들에게 기도받기를 원하는 사람을 초청하여 머리에 안수하여 공개적인 기도를 하기 시작하였다. 예수님의 이름으로 기도할 때 주님의 이름이 능력 있음을 이들로 하여금 알게 하기 위함 이었다. 이 기도 사역은 많은 열매를 맺게 하였다. 그해 성탄절에도 우리는 또 다른 14명의 새신자들에게 세례를 베풀 수 있었다. 이제 명실상부한 교회로 성장하기 시작한 것이었다. 비록 경제적으로는 힘들고 어려워, 난민들인 우리 교인들이 우리집을 방문할 때마다 어떻게 이렇게 작은 집에서 사느냐고(난민들은 난민지위를 얻게 되면 자녀 숫자에 따라서 3~4개의 방이 있는 집을 정부로부터 받는다.) 염려를 하기도 하지만 이들은 나를 그들의 목자로 사랑해 주었다. 내가 집을 비울때면 우리 교인들은 아내에게 음식을 갖다 주기도 하였다. '혹시나 굶지는 않을까?' 염려를 하는 것이었다. 난민들이 불쌍히 여기는 선교사가 된 셈이었다. 지금 돌이켜 보니, 그 시간들이 얼마나 소중하고 감사한지 모르겠다. 어느 틈엔가 런던 바이블 칼리지(London Bible college)와 올네이션 크리스찬 칼리지(All Nations Christian College)에서 학생들을 우리 교회에 인턴 학생으로 보내 주었다.

도시 모슬렘교회 개척 사역의 가능성을 이들이 보았던 것이다. 그러나 얼마 후 아쉽게도 우리는 선교사 훈련사역 개척을 위해 뉴질랜드로 떠나야만 했다. 힘든 결정이었지만 한국인 선교사가 런던에서 사역하는 일은 생각보다 쉽지 않은 것도 요인 중의 하나이기도 하였다. 주님은 또 다른 사역개척을 위해 우리 가정을 부르심을 기도 가운데 확신할 수 있었다.

13년이 지난 2년전 나는 이 교회를 다시 방문할 수 있었다. 숫자는 줄었지만 그때 함께 있었던 교인들이 여전히 보이고 교회가 존속하는 것을 보면서 교회의 주인은 우리 주님이심을 고백할 수 있었다. 여전히 교회를 지키는 팀 스프링 선교사와 하루동안 깊은 교제를 나누며 격려하는 시간이 있었다. 그때의 시간이 자기 사역에 있어서 가장 행복한 시간이었다고 고백해 주는 벽안의 선교사가 얼마나 고마웠는지 모르겠다. 이제 중년을 훌쩍 넘긴 두 남자가 터키 차이 하우스에서 궁상스럽게도 눈물을 흘리고 있었다. 끝까지 경주를 하는 팀 선교사가 얼마나 고맙고 감사한지, 이 교회가 다시금 부흥하기를 기도하여 본다.

' 오, 나의 하나님,
당신을 위해서 보다 더 수고하고,
보다 더 괴롭고,
보다 더 고통스럽게 하소서.'

-프란시스 사비에르

말씀 전하는 자는 기적의 주인공이 된다.
말씀 전하는 일은 하나님이 내게 주신 최고의 특권이다.
말씀 전하는 자는 하나님의 특별한 사랑을 받는다고 믿는다.
그래서 말씀을 전할 때마다 감사하고 감격하게 된다.

부르심

카메룬 | 윤원로

윤원로선교사는 1984년부터 2년간 오엠 국제선교회 소
속 둘로스호에 승선하여 유럽 및 아프리카 순회선교를 한
후 1987년부터 카메룬과 서부아프리카에서 사역을 하고
있다. 가족으로는 최성희 선교사와 관진, 희진이가 있다.

어느 날 OM 선교회 소속의 둘로스(Doulos)호가 2년 간 유럽 및 아프리카 선교를 한다는 말을 듣고는 마음이 설레기 시작했다. 둘로스호는 세계 45개 국에서 모인 350명의 선교사들이 함께 생활하며 선교하는 6,700톤 급의 선 박이었다. 그런데 대학원을 막 졸업한 내게 담임목사님은 3년 간 전액 장학 금을 지급하여 미국 유학을 가라는 파격적인 제의를 하셨다. 하지만 나는 목사님께 '둘로스 배를 타고 싶으니 후원해 달라'고 하는 지금 생각해도 이 해되지 않는 부탁을 했다.

80년대는 해외여행이 제한 받던 시기여서 당시 선교사 후보생들은 여권 발급을 위해 금식하며 기도해야만 했다. 몇 달 후 어렵게 받은 여권을 가지 고 나는 생애 처음 비행기를 타고 방콕에 도착했다. OM본부가 있는 독일로 가기 전에 얼마간의 시간 여유가 있어서 방콕 시내 관광을 하게 되었다. 그런 데 시내 구경에 정신이 팔려 한참을 다니다가 숙소에 돌아와 보니 가지고 나갔던 여권이 없었다. 온 길을 되돌아 가 봤지만 그 넓은 거리의 수많은 인파 가운데서 여권을 찾는다는 것은 불가능한 일이었다. 다음 날 대사관에 찾아가서 사정 얘기를 했지만 대사관 담당자는 여권을 분실하면 임시 여행증을 받아 즉시 한국으로 되돌아가야 한다고 했다. '선교사 파송식을 거창하게 마치고 출국했는데 며칠 만에 되돌아가야 하다니' 교인들을 만날 생각을 하니 몹시 난감했다. 그러나 '이왕 이렇게 된 것 오늘 하루 구경이나 실컷 하고 내일 돌아가자.'고 애써 마음을 편하게 먹고 시내를 돌아다니는 중에 한 아주머니가 손을 흔들며 나를 부르는 것이었다. 그 분의 손에 분실한 내 여권이 들려있었다. 수많은 인파 속에서 나를 발견하여 여권을 돌려주었다. 이것은 기적이라고 밖에 할 수 없었다.

처음보는 아프리카는 상상을 뛰어 넘는 고통의 땅이었다. 척박한 환경에서 살아가는 깡마르고 헐벗은 검은 아이들, 쓰레기통을 뒤져 허기를 채우는 그들을 보면서 마음속에 울컥 긍휼의 마음이 생겼다. '아무 소망 없이 살아가는 이들에게 복음으로 인한 소망이 필요하겠구나. 내가 한국에 돌아가면 교회를 부흥시켜 아프리카 땅에 많은 선교사를 파송해야 되겠다.'는 생각을 품게 되었다. 그러나 내 마음엔 평화가 없었습니다. 마음 한 구석에서 '왜 너 자신은 아프리카 선교사로 오기를 싫어하면서 남을 보내려 하느냐?'는 음성이 들려왔습니다. 하지만 '나는 선교사 체질이 아니야. 언어도 부족하고, 음식도 가리고, 더위에도 약하고, 성격도 활발하지 못해. 나 혼자 와서 사역하는 것보다 내가 많은 선교사를 파송하고 후원해 주는 것이 더 효과적이야' 라며 스스로 이유를 둘러댔다. 그럼에도 여전히 마음에 평화가 없이 괴로운 상태로 며칠을 보내야만 했던 나는 드디어 이런 기도를 하게 되었다. "주님, 제가 스스로 아프리카에 와서 사역할 마음은 없습니다. 그러나 주님께서 제가 아프리카에서 사역하기 원하신다면 마게도냐 사람의 환상을 통해 바울의 진로를 바꾸신 것처럼, 저도 특별한 방법으로 불러주십시오. 그러면 순종하겠습니다." 이렇게 기도를 하고 나니 마음에 평화가 찾아왔다.

둘로스 배는 드디어 카메룬의 두알라 항구에 도착했다. 카메룬은 나의 마지막 행선지였다. 그런데 카메룬에 도착 한 며칠 후, 한 한국인 부부가 나를 찾아와 "전도사님, 카메룬에 선교사로 오시지요." 하는 것이었다. 나는 그 부부에게 "한국에 돌아가서 선교사를 아프리카로 파송할 계획을 갖고 있다"고 했다. 그러나 그들은 "우리 부부는 3년 넘게 카메룬에 한국 선교사를 보내 달라고 주님께 기도해 왔다. 전도사님이 이곳에 오신 것은 우리 부부의 기도 응답입니다."라며 간청하는 것이었다. 그 때 "나를 특별한 방법으로 불러주면 아프리카 선교사로 오겠다"고 한 내 기도가 떠올랐다. 그 부부는 아프리카 선교사로 나를 보내시기 위한 하나님의 특별한 방법, 즉 내게 주신 마게도냐 환상과 같은 것이었다.

그렇게 어쩔 수 없이 난 부르심에 순종하여 아프리카 선교사로의 첫 발을
내딛게 되었다.

고난

1987년 8월 카메룬으로 갈 때 나는 하나님이 카메룬에서 나를 통해 이루실
일들에 대한 기대감으로 부풀어 있었다. 처음 머물게 된 도시는 적도 해안에
위치한 두알라였는데 고온 다습한 날씨로 가만히 앉아만 있어도 땀이 줄줄
흘러 내렸다. 도착 하자마자 허름한 호텔에 머물며 시내를 돌아 다녀서 어렵
사리 집을 구했다. 하지만 주변의 집들과 담장에 가로막혀 바람이 거의 통하
지 않아 선풍기를 틀면 뜨거운 바람만 되돌아올 뿐이었고 결국 흐르는 땀
을 주체하지 못해 하루 여러 차례 샤워를 해야만 했는데 그 순간 뿐 소용이
없었다. 머리에서 발끝까지 온 몸은 땀띠로 뒤 덮이고, 가려움으로 인해 긁
은 상처 위로 흘러내리는 땀은 쓰라린 고통의 연속이었다.

설상가상으로 몇 달째 선교비가 오지 않아 먹을 것이라곤 쌀과 간장뿐이
었다. 밥에 간장을 비벼먹는 나날이 지속되었다. 마침 딸의 돌이 되었으나 사
진 필름 살 돈이 없어 사진을 찍어줄 수 없었다. 더우기 남아있던 쌀도 다 떨
어졌다. 그런데 당장 먹을 것이 없었음에도 이상하게 마음이 평안했다. 이곳

에 나를 보내신 하나님이 굶겨 죽이려 보낼 리는 없을 것 같았다. 한 살, 두 살 된 자식들을 앉혀놓고 금식을 선포할 수밖에 없었던 그날 아침에 한 집 사님이 집으로 찾아왔다. "목사님, 태국에서 좋은 쌀을 실은 배가 들어왔어요. 목사님도 한 부대 사시겠어요?" 나는 생각할 겨를도 없이 "잘 됐네요. 한 부대 가져다주세요. 돈은 나중에 드릴게요."라고 했다. 이렇게 하여 쌀 문제는 일단 해결되었다.

카메룬 정부는 선교부 인가를 거부하며 애를 먹였다. 매주 수시로 공무원들을 만나 간청하며 설득했으나 소용이 없었다. 그래서 비자 연장을 위해서 몇 개월마다 카메룬을 떠나야 했다. 정부에 선교부 등록을 신청한지 3년 반이 지난 어느 날, 선교국에서 공문이 왔다. '윤선교사는 카메룬에서 고생하지 말고 귀국하든지 아니면 다른 나라로 선교지를 변경하라'는 내용이었다. 그 공문을 받고, 더 이상 고생을 하지 않을 생각을 하니 속이 후련해졌다. 그러나 한편 '결국 사역은 시작하지도 못하고 고생만 실컷 하고 떠나는구나' 생각하니 억울했졌다. 묘한 기분으로, '그래 이제 그만하고 한국으로 돌아가자'고 마음먹은 그 날 저녁 대통령궁에서 전화가 왔다. '대통령이 어제 선교부 등록을 허가했으니 서류를 찾아가라'는 것이었다. 다음날 아침 대통령궁에 가서 대통령이 사인한 서류를 보는 순간 눈시울이 뜨거워 졌다. 이것은 대통령의 사인이 아닌 하나님의 사인이란 확신이 들었다.

186

앙드레를 통해 하나님의 사인은 확증되었다. 앙드레는 콩고 정부의 장학생으로 기관차 공부를 하러 러시아에 갔다온 인재다. 하지만 그가 공부를 마치고 콩고에 돌아왔을 때 콩고의 기관차는 러시아제에서 캐나다제로 바뀌어 있었다. 그는 다시 캐나다로 가야만 했는데 당시 콩고 주재 캐나다 대사관이 폐쇄되어 있었기 때문에 그는 카메룬에 와서 캐나다 대사관에 비자를 신청하고 비자를 기다리던 중이었다.

그는 비자를 신청하고 기다리는 중에 한 기도모임에 참석하여 기도 중에 환상을 보게 되었다. 환상 중에 한 아시아인이 나타나 앙드레를 불렀다. 앙드레가 그에게 가려고 자리에서 일어서는 순간 앙드레의 바지와 셔츠가 흰 가운으로 바뀌었다. 그러자 그 아시아인은 앙드레에게 가운을 무릎 위까지 걷어 올리라고 한 후 그의 무릎을 만져보더니 '됐다. 나와 함께 일하자'고 했다. 그 환상을 본 후 앙드레는 환상에서 본 아시아 사람을 찾기 위해 야운데 시내를 돌며 수소문하던 중에 우리 교회를 찾아오게 되었다. 앙드레는 하나님이 윤선교사를 위한 중보기도사역자로 자신을 부르셨다고 확신하였다. 그는 그 때 이후 매일 새벽 2시에 일어나 9시간 중보기도를 하고 있다. 특히 매일 첫 한 시간은 윤선교사를 위해 집중적으로 기도하고 있다. 하나님은 부족한 나를 위해 앙드레를 붙여주셔서 지금까지 함께 사역을 감당하도록 하셨다.

배신

마탱은 내가 카메룬 사역을 시작할 때 현지에 적응하는 데 여러 면에서 많은 도움을 준 청년이다. 둘로스 배가 처음 카메룬에 도착했을 때 둘로스 전도팀의 대학 담당이었던 나의 통역요원이었고, 교단 등록을 위해 필요한 임원들을 추천해 주기도 했다. 또한 그는 대통령 궁에서 일하는 자신의 어머니를 통해 정부 관계자들을 만나는 일도 도와주었다.

카메룬에 도착한지 10개월쯤 지나 나는 두알라를 떠나 수도인 야운데로 이사를 하였고, 얼마 후 종합경기장이 있는 지역의 상가 건물에서 교회를 개척하였다. 카메룬에서는 상가 건물에 교회를 개척하는 경우가 없었다. 상가 건물에서 시작한 교회는 사교로 오해를 받아 많은 핍박을 당했다. 비록 판자로 짓더라도 자체 건물의 교회를 가져야만 했었다 .

독신인 마탱은 여자 성도들에게 인기가 많았는데 특별히 혼자 사는 여자들에게 많은 관심을 보여 주었다. 종종 늦은 시간에 그녀들을 방문하곤 하길래 나는 염려가 되어서 '혼자서 늦은 시간에 독신 여성들을 방문하지 말라'고 주의를 주었다. 그 말을 듣자 마탱은 발끈 화를 내며, "우리 교회에 오는 사람들이 당신 때문에 오는 줄 아시요? 모두 나 때문에 오는 것이지. 당신은 불어로 설교도 못 하잖습니까?"라며 내게 얼굴을 들이밀고 대들었다. 결국 그는 주일예배 때 '다음 주일 예배는 없다.'고 광고를 한 후 교회를 떠났다. 그 다음 주일 예배에 90명 정도 모이던 교인의 1/3가량이 보이지 않았다.

마탱은 교단을 분열하여 새 교단을 만들었다. 뿐만 아니라, 독기가 오른 마탱은 부총회장인 앙바사목사와 국립방송국 기자, 변호사 그리고 자신으로 팀을 구성해 나를 카메룬에서 쫓아내려 했다. 그들은 대통령궁, 외무부, 치안본부, 이민국 그리고 한국대사관 등을 찾아다니며 나를 스파이와 인종 차별의 혐의를 씌어 고소했다. 카메룬에서 쫓겨날 위기에 직면한 나는 여기 저기 찾아다니며 나의 무고함을 변명할 의욕조차 상실했다. 초창기 나의 카메룬 사역에 가장 가까왔던 동역자, 마탱! 그에게 배신당한 충격은 이루 말할 수가 없었다. 카메룬의 모든 것이 싫어졌다. 온 정성을 다해 여러 해 동안 신학교에 보내주고 아낌없는 후원을 해준 사람으로부터 받은 아픔에 '차라리 쫓겨나서 한국으로 돌아가면 좋겠다.' 는 생각마저 들었다. 기도도 말씀 묵상도 할 수 없었다. 그 때 기도의 청년이었던 앙드레는 교인들을 독려하여 하나님께서 이 상황에 개입해 주시도록 금식하며 간절히 기도해 주었다.

어느 날 마탱 교단의 앙바사가 내 사무실을 찾아와 무릎 꿇고 울먹였다. "목사님, 스무 살 된 제 아들이 갑자기 죽었어요. 저를 용서해주세요. 제게 다른 무슨 일이 닥칠지 두려워요"라며 불법으로 이용해 오던 교단인가서를 내게 돌려주었다. 그는 "앞으로 다시는 교단인가서를 사용하지 않겠다"는 약속과 함께 자신을 위해 기도해달라고 간청했다. 그리고 마텡 교단의 방송국기자는 수도 야운데에서 북쪽으로 1,000km이상 떨어진 마루아 지국으로 갑자기 발령이 났고 그 곳에 간지 얼마 되지 않아 젊은 나이로 죽었다. 또한 함께 일하던 변호사는 마텡과 다투고 떠나버려 마텡 팀은 공중분해 되어 버렸다. 이 사건은 많은 사람들로 하여금 '하나님의 종을 대적하면 하나님이 치신다.'는 깨우침을 갖게 해 주었다. 하나님은 내가 카메룬에서 쫓겨날 뻔한 위기를 바꾸어 주의 종의 권위를 세워주는 계기로 만들어 주신 것이다.

동역

하나님은 카메룬 선교를 위해 귀한 동역자들을 붙여주셨다. 그들 중에서 앙드레목사는 특별한 기도의 사람이다. 그는 매일 새벽 두시에 일어나 기도를 시작하여 하루 아홉 시간 기도한다. 그의 기도에는 암, 에이즈 등 불치병들이 치유되고, 귀신들이 쫓겨나는 역사가 나타났다. 어느 날 앙드레 목사에게 능력 있는 기도의 비결을 물었다.

1. 새벽 두 시에 일어나 침실을 떠나 조용한 기도처로 갑니다.
2. 새로운 하루를 주신 주님께 감사기도를 드립니다.

3. 성경을 체계적으로 읽습니다.

4. 선택하여 묵상한 말씀을 붙들고 기도합니다.

5. 중보기도를 합니다.

6. 자신과 가족을 위해 기도합니다.

7. 성경을 계속 읽습니다.

8. 찬송을 합니다.

9. 감사기도를 합니다.

10. 기도노트에 기록합니다.

그는 매일 이와 같은 방식으로 기도한다고 하였다. 이 방식은 누구에게서 배운 것이 아니라 기도하면서 스스로 체득했다고 하였다. 앙드레 목사는 매일 30장 이상 성경을 읽을 뿐 아니라 하루 종일 MP3를 귀에 달고 살면서 성경말씀을 듣고 있었다. 그의 능력있는 기도의 비결은 첫째, 성경으로 기도하며 둘째, 중보기도에 힘쓰는 것이었다.

앙드레목사는 중보기도의 사명을 하나님께로부터 받았다. 특별히 하나님께서 자신을 윤선교사의 사역을 기도로 돕도록 부르셨다고 확신하였다. 또 기회가 있을 때마다 그런 내용의 간증을 하였다. 그는 매일 중보기도의 첫 한 시간은 오직 나를 위한 기도에만 집중하였다. 때때로 외국에 세미나 등으로 여행을 가게 되면 그는 내가 돌아오는 그 날까지 금식하며 기도하였다. '하나님께서는 왜 앙드레목사를 내게 붙여주셨을까?' 나는 곰곰이 생각해 보았다. 결론은 내가 너무 약하고 부족하기 때문이라 생각되었다. 그 중에서도 기도가 많이 부족하기 때문이라 생각되었다. 나를 너무도 잘 아시는 주님은 나의 약함을 앙드레 목사의 기도를 통해 채워주시는 것이다.

나와 앙드레 목사는 여러 나라를 함께 다니며 사역을 하였다. 카메룬, 코트디부아르, 브루키나파소, 차드 등을 다니며 목회자세미나를 하였다. 사흘간 열리는 세미나에서 나는 오전시간에 목회자들을 위한 말씀사역을 하고, 앙드레목사는 오후시간에 그들의 신유를 위한 기도사역을 하였다. 우리 둘은 환상의 팀이라는 말을 종종 듣게 되었다. 앙드레 목사 같은 동역자를 얻게 됨은 큰 기쁨이요. 주님의 은혜가 아닐 수 없다.

복음전파

보고(Mvogo)는 아내가 아이를 데리고 교회 간 사실을 알고는 화가 머리 끝까지 났다. 교회 가려면 혼자 갈 것이지 데려가지 말라고 한 아이까지 데리고 갔기 때문이었다. 보고는 마쳇(낫 같은 긴 정글용 칼)을 들고 아내를 단칼에 요절내겠다며 집을 나섰다. 교회에 도착한 보고가 주춤거리며 아내에게 가니 아내는 반가워하며 옆 자리에 앉으라고 권했다. 마쳇을 바지 오른

편 안쪽에 감췄기 때문에 그는 오른쪽 다리를 구부릴 수 없어 쭉 펴고 앉았다. 그 날의 말씀은 바로 보고를 위한 것이었다. 그는 말씀에 큰 은혜를 받았다. 그는 광고시간 새 신자에게 꽃다발을 주며 환영할 때 바지 안쪽에 감춰둔 마쳇이 표시 날까봐 애를 써야만 했다. 예배를 마치고 집에 돌아 왔을 때 보고는 마쳇을 아내에게 넘겨주며 이제부터 자기도 교회에 나가겠다고 말했다. 그 후로 보고는 토요일 오후마다 교회 입고 갈 옷을 다렸다. 그리고 매일 아침 6시 가족을 모아 함께 기도한다.

이시우는 고스톱을 위해서라며 버스로 몇 시간을 이동하여 온 밤을 새우는 꾼이었다. 그런데 친구들이 하나 둘 교회로 발길을 돌리자, 주일 날 혼자 남게 된 그는 지루함을 견디다 못해 난생 처음 교회를 가게 되었다. 그 날 말씀은 그에게 잊을 수 없는 감동이었다. 그 날 이후, 그의 삶은 변하기 시작하였다. 고스톱을 끊고 세례를 받은 그는 카메룬을 떠나 차드에서 사업을 시작했다. 이시우는 나의 차드선교에 큰 힘이 되어주었는데 차드를 방문할 때마다 항공료 및 숙식을 해결해 주었고 차드에 교회를 건축하기 위해 많은 헌금을 감사함으로 드렸다. 그는 마음을 다해 하나님을 사랑하는 귀한 믿음의 사람이 되었다.

카메룬의 교회 없는 마을에 100개의 교회를 개척하는 VCP(Village

Church Planting) 운동이 현재 OMS와 함께 진행 중이다. VCP운동의 현지인 책임자는 리고베 목사다.

그는 교회개척을 위해 카메룬 전역을 여행 하면서 여섯 번의 대형 사고를 겪었는데 그 때마다 기적적인 하나님의 보호하심을 경험했다. 2008년 6월 12일, 리고베 목사는 밤길에 35인승 버스 조수석에 앉아 두알라에서 야운데를 향해 올라가고 있었다. 깜깜한 밤, 앞서 가던 트럭에서 내뿜는 매연으로 시야가 가려지자 리고베 목사가 탄 버스는 트럭을 추월하려고 중앙선을 넘어섰다. 순간 갑자기 검은 매연 사이로 커다란 두 개의 불빛이 정면으로 다가오는 것이었다. "제수 소브!"(예수님 구하소서) "제수 소브!" 리고베 목사는 다급한 두 마디와 함께 의식을 잃었다. "쿠~웅!" 얼마 후 깨어나 보니 옆에서 운전하던 운전사는 피투성이로 죽은 채 리고베 목사의 어깨에 기대고 있었고, 운전사가 흘리는 피가 하얀 리고베 목사의 옷을 흥건히 빨갛게 적시고 있었다. 뒷자리에 앉았던 아줌마는 충돌의 충격으로 솟구쳐 올라 앞 유리를 들이 박고 머리가 심히 찢어진 채 리고베 목사 무릎 위에 떨어져 널브러져 있었다. 과속으로 달리던 리고베 목사가 탄 버스는 방향을 잃고 밀림 속으로 돌진하여 나무들을 들이 박으며 좌충우돌하다가 멈추어 섰다. 차체는 흉측하게 찌그러졌고 많은 사상자가 났다. 그러나 리고베 목사는 손가락 하나 다치지 않고 무사히 살아났다.

말씀 전하는 자에게는 표적이 따른다고 했다.

'제자들이 나가 두루 전파할새 주께서 함께 역사하사 그 따르는 표적으로 말씀을 확실히 증언하시니라'_마가복음 16:20

말씀 전하는 자는 기적의 주인공이 된다. 말씀 전하는 일은 나의 가장 기뻐하는 일이다. 말씀 전하는 일은 하나님이 내게 주신 최고의 특권이다. 말씀 전하는 자는 하나님의 특별한 사랑을 받는다고 믿는다. 그래서 말씀을 전할 때마다 감사하고 감격하게 된다. 오늘도 그 말씀을 통해 하나님이 이루실 기적들을 기대하며 담대히 말씀을 전하고 있다. 나에게 말씀 전하는 특권을 허락하신 주님께 감사를 드린다. 할렐루야!

선교샘! 안녕하세요?

초판   **1쇄 발행** 2017년 3월 24일

지은이   조성우, 최조영, 오필환, 최융근, 유승재, 우태복,
　　　　　소기호, 이동춘, 신기재, 송재홍, 윤원로

발행인   김진호

편집인   송재홍

기획   해외선교위원회

펴낸곳   도서출판 사랑마루
　　　　　서울시 강남구 테헤란로 64길 17(대치동)
　　　　　Tel 02)3459-1051~2 | **Fax** 02)3459-1070
　　　　　http://www.eholynet.org

등록   2011년 1월 17일 **등록번호** 제2011-000013호
　　　　　ISBN 979-11-86124-35-2 03230